Péter Mujzer

History of the
Turán Medium and Heavy Tanks
in World War II

KAGERO
publishing

History of the Turán Medium and Heavy Tanks in World War II • Péter Mujzer

First edition • LUBLIN 2020

Photo credits/zdjęcia: **Almási Balázs, Jean-Francois Antoina, Bonhardt Attila, CMAF (Central Museum of Armed Forces of Russia), Deák Tamás, Demeter Attila, ECPA Armees, Éder Miklós, Fortepan, Illésfalvi Péter, Karai Sándor, Kocsis Andor, Markó Ferenc, Móker József, Mujzer Péter, Pálinkás Zsolt, Yuri Pasholok, Orincsay Péter, Sárhidai Gyula, Szollár János, Tarr Péter, Tóth Marcell, Virágh Ajtony**

Coloured photos/zdjęcia kolorowane: **Deák Tamás**

Drawings/rysunki: **Bajtos Iván, Service Manuals of the 40 and 41M Turám tanks**

Maps/mapy: **Csima János: Források a Magyar Honvédség II. világháborús történetének tanulmányozásához, Zrínyi Kiadó, 1961. Dálnoki Veress Lajos: Magyarország honvédelme a II. világháború előtt és alatt (1920-1945), München, 1974**

Cover/okładka: **Arkadiusz Wróbel**

Colour profiles/sylwetki barwne: **Arkadiusz Wróbel**

DTP: **KAGERO STUDIO**

Translation/tłumaczenie: **Tomasz Basarabowicz (text/tekst), Piotr Kolasa (captions/podpisy)**

SPECIAL THANKS to/Podziękowania dla – Sárhidai Gyula

ISBN: 978-83-66148-95-6

KAGERO Publishing • e-mail: kagero@kagero.pl, marketing@kagero.pl
Editorial office, Marketing, Distribution: KAGERO Publishing,
Akacjowa 100, os. Borek – Turka, 20-258 Lublin 62, Poland, phone/fax +48 81 501 21 05

www.kagero.pl • shop.kagero.pl

TABLE OF CONTENTS
SPIS TREŚCI

40M Turán medium tank photographed at the yard of the Automobile Depot of the Hungarian Army in 1943, at Mátyásföld. On the left mud guard a white tulip unit sign painted, number plate H-824. [Fortepan]

Czołg średni 40M Turán sfotografowany w parku maszynowym Armii Węgierskiej w Mátyásföld w 1943 roku. Uwagę zwraca biały tulipan – symbol jednostki – namalowany na lewym błotniku. Czołg nosi numer H-824. [Fortepan]

INTRODUCTION

The Hungarian Army made serious efforts to build up an independent, national war industry, which able to supply the Army with modern armaments and equipment during the war.

WSTĘP

Armia węgierska czyniła usilne starania, aby zbudować samodzielny krajowy przemysł zbrojeniowy, który byłby w stanie dostarczyć wojsku nowoczesne uzbrojenie i sprzęt przed wybuchem ewentualnego konfliktu. Dla szefa

40M Turán tank was the licence product of the Czehoslovakian, Skoda designed T-21, a typical medium tank design of the early 30s. [Fortepan]

40M Turán był licencyjną wersją czołgu T-21 produkowanego przez czeską Skodę. Była to konstrukcja typowa dla średnich czołgów budowanych we wczesnych latach trzydziestych ubiegłego wieku. [Fortepan]

PÁNCÉL KOCSITEST.

Armoured hull of the 40M Turán from a maintenance manual. The hull built from riveted armoured plates. [Maintenance Manual]

Zdjęcie kadłuba czołgu 40M Turán pochodzące z instrukcji technicznej użytkowania pojazdu. Kadłub wykonany był z nitowanych płyt pancernych. [Instrukcja Techniczna]

Among the modern weaponry, the armoured vehicles were the top priority beside the aircrafts for the Hungarian chief of staff. The current war proved that the air force and the mechanised/armoured troops are the decisive tools of winning the war.

węgierskiego Sztabu Generalnego wozy bojowe były priorytetem, obok nowoczesnych samolotów. W latach 30. XX w. zdawano sobie już sprawę, że siły powietrzne oraz wojska zmechanizowane i pancerne będą decydującymi narzędziami w nowoczesnej wojnie.

Internal photo of the turret the seats of the crew is visible on the photo, in the middle is the commander seat, left and right are the gunner and loader seats. [Maintenance Manual]

Zdjęcie wnętrza wieży czołgu i stanowisk załogi. Środkowe miejsce zajmował dowódca czołgu, a po jego prawej i lewej stronie znajdowały się stanowiska celowniczego i ładowniczego. [Instrukcja Techniczna]

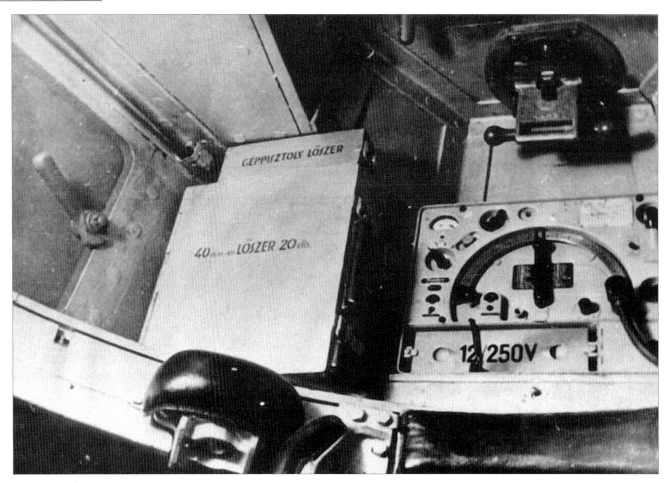

Internal photo of the Turán turret with radio equipment, the R5/a and R-4 type radios were installed in the vehicle. Next to the radio set are ammunition storage bins for 40mm shells and 9mm sub-machine pistols. [Maintenance Manual]

Wyposażenie radiowe montowane wewnątrz wieży czołgu Turán. Pojazd był wyposażony w radiostacje typu R5/a i R-4. Obok nich znajdują się zasobniki z amunicja kal. 40 mm i pistolety maszynowe kal. 9 mm. [Instrukcja Techniczna]

In 1939, the Hungarians had the FIAT Ansaldo tankettes and the 38M Toldi light tanks under production. However, neither armoured vehicles were up to the demands of this war. The war winning armoured vehicles of that time was the medium or heavy tanks. Of course, when the decision was made, that time the medium tanks were armed with 40-50mm guns and the heavy ones with 75mm.

Since the WWII broken up, it was clear that Hungary was unable to purchase updated weaponry from abroad. Germany concentrated on its own demands as prepared the large scale war and used the possibility of selling weapons for blackmailing his allies. The Italians and the neutral states simply could not produce modern weapons for Hungary. The military carefully investigated available options. The only solution seemed to be the former Czechoslovakian Skoda Company; with the permission of the Germans, a list of licences for sale was made available to Hungary in late 1939. The Hungarians had had good experiences with Czech military industry products during the k. und k. era.

On the list of available licences was the T-21 tank, which was seen as a possible solution as a medium tank for the Hungarian military. The upgraded, modified version of the T-21 was accepted by the Hungarian Army and the production is started.

THE DEFENCE INDUSTRY IN HUNGARY

Following the end of World War I, Hungarian military industry was in bad shape. The lost resources of her territories ceded to other nations, manpower losses caused by the

W roku 1939 Węgrzy posiadali tankietki FIAT Ansaldo oraz produkowali czołgi lekkie 38M *Toldi*. Jednak żaden z tych pojazdów nie był w stanie sprostać wymogom nadchodzącej wojny. W tym czasie najistotniejszymi wozami bojowymi były czołgi średnie lub ciężkie. Oczywiście w chwili gdy zapadła decyzja o wdrożeniu ich do produkcji, czołgi średnie były uzbrojone w armaty kal. 40–50 mm, a ciężkie w działa kal. 75 mm.

Po wybuchu drugiej wojny światowej stało się jasne, że Węgry nie były w stanie zakupić najnowocześniejszych wzorów uzbrojenia za granicą. Niemcy skoncentrowały się na własnych potrzebach, przygotowując wojnę na wielką skalę i wykorzystały możliwość sprzedaży uzbrojenia do szantażowania swoich sojuszników. Włosi i państwa neutralne po prostu nie były w stanie wyprodukować nowoczesnej broni dla Węgier. Wojsko dokładnie zbadało dostępne możliwości. Okazało się, że jedynym osiągalnym rozwiązaniem była dawna czechosłowacka firma Škoda. Po otrzymaniu pozwolenia ze strony niemieckiej została Madziarom udostępniona lista dostępnych produktów licencyjnych. Miało to miejsce pod koniec 1939 r. Węgrzy mieli dobre doświadczenia z produktami czeskiego przemysłu, wywodzące się jeszcze z czasów Monarchii Naddunajskiej.

Na liście możliwych do nabycia licencji znalazł się czołg T-21, który był postrzegany jako przyszły czołg średni dla armii węgierskiej. Ulepszona i zmodyfikowana wersja T-21 została zaakceptowana przez Sztab Generalny i rozpoczęto produkcję.

40ᵐ/ₘ 41M. hk. löveg **gp. rögzitő szerkezet**

40M. hk. irányzó távcső **17/4 ábra A torony fegyverzete.** **34/37AM. v.**
34/40M gp.

Installation of the turret armament of the 40M Turán medium tank. From the left is the gun sight, gun breech of the 41M 40mm gun and the 34/40M 8mm machine gun. [Maintenance Manual]

Rozmieszczenie uzbrojenia w wieży czołgu 40M Turán. Od lewej: celownik, zamek armaty kal. 40 mm i karabin maszynowy 34/40M kal. 8 mm. [Instrukcja Techniczna]

war, and the limitations imposed by the Treaty of Trianon all played their part in this situation. During the late 1920s and early 1930s, the economic situation of the country began to improve. Hungary's economy was essentially based on agriculture, and those industries which existed did so mainly to provide tools and equipment meant for use in agriculture.

However, a small number of famous heavy industrial companies which originated in the old k. und k. period played a very important role in the military industry. From the 1930s, the Manfred Weiss, FÉG, Diósgyőri State Weapon Factory, Ganz, MÁVAG, Magyar Vagon és Gépgyár (Rába), GAMMA, and Danuvia companies provided the backbone to the Hungarian military industry. Due to financial constraints, these companies initially focused on repairs and modifications to existing equipment, but later worked on production under license and independent developments.

The Manfred Weiss, Ganz, MAVAG, and Magyar Vagon és Gépgyár (Rába) factories were able to preserve and later expand their skills and capacities to produce armour for the Hungarian Army. Of course, in the early 1930s any work and development carried out had to be done in secret.

DESIGN AND PRODUCTION OF THE TURÁN TANK FAMILY

40M TURÁN MEDIUM TANK

At the end of the 1930s it became obvious that the tankettes and light tanks used by the Hungarian Army were un-

PRZEMYSŁ ZBROJENIOWY NA WĘGRZECH

Po zakończeniu Wielkiej Wojny węgierski przemysł zbrojeniowy był w bardzo złym stanie. Utracone zasoby z terytoriów, które znalazły się w granicach innych państw, uszczuplenie siły roboczej spowodowane stratami wojennymi, a także ograniczenia nałożone przez traktat z Trianon – wszystko w tej sytuacji odegrało ważną rolę. Na przełomie lat 20. i 30. XX w. sytuacja gospodarcza kraju zaczęła się stopniowo poprawiać. Gospodarka Węgier opierała się głównie na rolnictwie, a istniejące gałęzie przemysłu dostarczały przede wszystkim narzędzi i sprzętu stosowanych w gospodarce rolnej.

Jednakże pewna liczba uznanych zakładów przemysłu ciężkiego, które wywodziły się jeszcze z okresu c.k. monarchii, odegrały bardzo ważną rolę w budowie przemysłu zbrojeniowego. Od lat 30. XX w. przedsiębiorstwa Manfred Weiss, FÉG, państwowa fabryka broni Diósgyőri, Ganz, MÁVAG, Magyar Vagon és Gépgyár (Rába), GAMMA oraz Danuvia stanowiły trzon madziarskiej zbrojeniówki. Ze względu na ograniczenia finansowe firmy te początkowo koncentrowały się na naprawach i modyfikacjach istniejącego sprzętu, ale później pracowały nad produkcją licencyjną oraz własnymi, samodzielnymi konstrukcjami.

Fabryki Manfred Weiss, Ganz, MAVAG i Magyar Vagon és Gépgyár (Rába) były w stanie zachować, a następnie poszerzyć swoje zdolności produkcji pojazdów pancernych dla ar-

The telescopic sight of the 41M 40mm tank gun of the medium Turán, on the left the gun maintenance kit box. [Maintenance Manual]

Celownik teleskopowy armaty 41M kal. 40 mm zamontowanej w czołgu Turán. Po lewej stronie znajdowała się skrzynka narzędziowa do obsługi armaty. [Instrukcja Techniczna]

The telescopic sight of the 41M 40mm tank gun of the medium Turán, at the right corner the breechblock of the 40mm gun is visible. [Maintenance Manual]

Celownik teleskopowy armaty 41M kal. 40 mm zamontowanej w czołgu Turán. W prawym rogu widoczny zamek armaty kal. 40 mm. [Instrukcja Techniczna]

suitable as battle tanks. The question remained of where the Hungarians could purchase suitable medium or heavy tanks to equip the planned tank divisions. At that time Sweden and Italy had no suitable models, and the Germans rejected Hungarian proposals to purchase production licences.

In 1939, the MÁVAG and Ganz factories negotiated with Landsverk to purchase the licence to build the heavy LAGO

mii węgierskiej. Oczywiście na początku lat 30. wszelkie prace rozwojowe musiały być prowadzone w tajemnicy.

PROJEKT I PRODUKCJA RODZINY CZOŁGÓW TURÁN

CZOŁG ŚREDNI 40M TURÁN

Pod koniec lat 30. XX w. stało się oczywiste, że tankietki i czołgi lekkie używane przez armię węgierską nie odpowiadały już warunkom nowoczesnego pola walki. Pozostało pytanie, gdzie Węgrzy mogliby kupić odpowiednie czołgi średnie lub ciężkie, które miałyby stanowić wyposażenie planowanych dywizji pancernych. W owym czasie ani Szwecja, ani Włochy nie oferowały odpowiednich wzorów, a Niemcy odrzucili węgierskie propozycje zakupów licencyjnych.

W 1939 r. zakłady MÁVAG oraz Ganz negocjowały z Landsverkiem umowę zakupu licencji na budowę ciężkiego czołgu *Lago* (masa 15 ton, armata kal. 47 mm), ale rozmowy zakończyły się niepowodzeniem.

Wydawało się, że jedynym rozwiązaniem była w tej sytuacji dawna czechosłowacka firma Škoda. Ponadto w 1939 r. dwa czechosłowackie czołgi LT-35 zostały zdobyte przez wojska węgierskie i przekazane HTI (Honvéd Haditechnikai Intézet – Wojskowy Instytut Techniczny) do testów, które zakończyły się wynikiem pozytywnym. Na liście dostępnych licencji był czołg T-21. Wóz był uzbrojony w nowe działo kal. 47 mm Škoda A11, miał pancerz grubości 16–30 mm i ośmiocylindrowy silnik o mocy 240 KM. Pozwalało to pojazdowi o masie 16,5 ton osiągać prędkość 50 km/h na drodze. Skład czteroosobowej załogi był standardowy: kierowca, radiooperator, strzelec i dowódca. Układ jezdny był tego samego typu co w LT vz. 35, lecz nieco bardziej wytrzymały ze względu na większą masę wozu. Škoda zachowała pneumatyczny układ kierowniczy i planetarną skrzynię biegów.

Oficjalna oferta nadeszła z fabryki Škody w październiku 1939 r. Dyrektor techniczny firmy, dr Vacláv Fiegl, przekazał węgierskiemu Wojskowemu Instytutowi Technicznemu wykaz licencji zatwierdzonych przez Niemców na sprzedaż, w tym

Turret periscopes of the Turán, commanders and gunner left side periscopes. [Maintenance Manual]

Peryskopy dowódcy i strzelca w wieży czołgu Turán [Instrukcja Techniczna]

tank (15 t, 47mm gun), but the negotiations were unsuccessful. The Italians also offered their M11/39 medium tanks.

The only solution seemed to be the former Czechoslovakian Skoda Company; a list of licences for sale was made available to Hungary in late 1939. The Hungarians had had good experiences with Czech military industry products during the k. und k. era.

Furthermore, in 1939 two Czech LT-35 tanks had been captured by Hungarian troops and handed over to the HTI for testing, with positive results. On the list of available licences was the T-21 tank, which was seen as a possible solution as a medium tank for the Hungarian military.

The T-21 tank was armed with a new 47mm Skoda A11 gun, had 16-30mm armour and a powerful 240HP eight-cylin-

dokumentację czołgu T-21. Podczas negocjacji między HTI a Škodą uzgodniono, że próby czołgu T-21 odbędą się na Węgrzech z początkiem roku 1940. Teoretycznie Madziarzy mieli wybór między szwedzkimi, włoskimi i czeskimi czołgami średnimi.

Przedstawiciele Weiss Manfred w imieniu innych zakładów zaangażowanych w projekt (Magyar Vagon, Ganz i MÁVAG) oraz HTI odwiedzili Škodę wiosną 1940 r. celem omówienia szczegółów produkcji licencyjnej T-21. W tym samym czasie delegacja wojskowych pod przewodnictwem pułkownika Emanuela Czaykowskiego wraz z Jánosem Korbulym, głównym inżynierem fabryki WM, również odwiedziła Pilzno. Škoda zaoferowała Węgrom dokumentację techniczną czołgu T-21 z prawami licencyjnymi za 1,5 miliona Pengő, czyli ogromną

Drivers position inside the Turán tank, with bullet proof glass window. [Maintenance Manual]

Stanowisko kierowcy czołgu Turán z otworem obserwacyjnym wyposażonym w kuloodporną szybę. [Instrukcja Techniczna]

Drivers' lockable visor apparatus inside the Turán tank. [Maintenance Manual]

Szczelina obserwacyjna kierowcy czołgu Turán wyposażona w stalową okiennicę. [Instrukcja Techniczna]

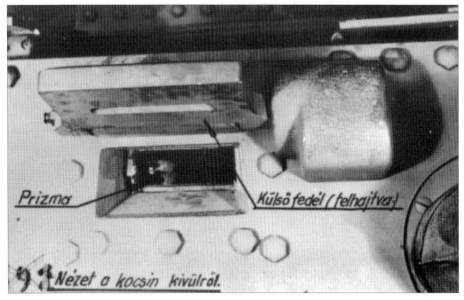

Outside view of the lockable visor apparatus of the driver, with bullet proof glass window and visor flap. [Maintenance Manual]

Widok zewnętrzny szczeliny obserwacyjnej kierowcy wyposażonej w szkło kuloodporne i stalową okiennicę. [Instrukcja Techniczna] der engine. It gave the 16,5 tons vehicle the speed of 50km/h on the road. The layout of the four man crew was standard; driver, radio operator, gunner and commander. The chassis was same design as the Lt vz. 35, it was only more robust due to the greater weight. The Skoda kept the pneumatic steering and its planetary gear-box too.

An official offer came from the Skoda Factory to the Hungarian Ministry of Defence on October 1939. The Technical Director of Skoda Factory, dr. Vacláv Fiegl handed over the list of the licenses approved by the Germans for sale, among them, the documentation of the T-21 tank to the Hungarian Military Technical Institute (HTI). During the negotiation between the HTI and Skoda Factory, they agreed on a test trial of the T-21 tank in Hungary in early 1940. Theoretically the Hungarians could choose between the Swedish, Italian and Czech medium tanks. However, the Italian tanks were inferior to the Czech design, the developing war made Sweden a distant player, and the Skoda Factory was well known and trusted since the Monarchy.

The Weis Manfred Factory on behalf of the other factories involved in the project (Magyar Waggon, Ganz and MÁVAG Factories) and the HTI visited the Skoda Factory in the spring of 1940 to discuss the licence production of the T-21. In the same time a military delegation also visited Pilsen led by Colonel Emanuel Czaykowski, accompanied with János Korbuly the chief engineer of the WM Factory. The Skoda offered

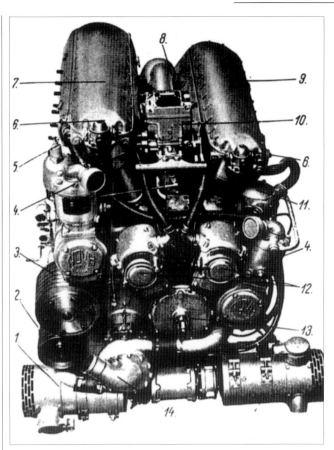

The 260Hp Weis Manfred V-8 H4 engine of the Turán tanks. [Maintenance Manual]
Ośmiocylindrowy silnik Weis Manfred V-8 H4 o mocy 260 KM montowany w czołgach Turán. [Instrukcja Techniczna]

sumę pieniędzy. Ostatecznie jednak latem 1940 r. uzgodniono cenę umowy licencyjnej czołgu T-21/Turán na 1 184 200 Pengő, bez praw do eksportu.

Po trzytygodniowych próbach przeprowadzonych w ośrodku w Hajmáskér w maju 1940 r. Węgrzy zgłosili konieczność wprowadzenia kilku modyfikacji:
– zwiększenie grubości pancerza do 35 mm,
– wymiana wieżyczki obserwacyjnej dowódcy na nieruchomą,
– wymiana instalacji elektrycznej na produkty Boscha,
– montaż armaty kalibru 40 mm zamiast 47 mm.

Kadłub został wykonany w wersji nitowanej dla całej rodziny Turán. Długość nadwozia, elementy rozrządu, układ przeniesienia napędu, części układu jezdnego, a także technologia produkcji pozostały również takie same we wszystkich wozach serii.

Sprawdzony obrotowy peryskop 43M został zainstalowany na wieży i na kadłubie, a w dnie wanny pojazdu umieszczono otwór włazu ewakuacyjnego.

Dwa akumulatory, filtr powietrza i zbiornik oleju silnikowego znajdowały się w głównym przedziale. Czterosuwowy, chłodzony wodą, ośmiocylindrowy silnik benzynowy Turán o mocy 260 KM mógł rozpędzić wóz ważący 18,7–19,2 ton (z ekranami przeciwkumulacyjnymi) do maksymalnej prędkości 43 km/h.

Pojazd dysponował skrzynią z sześciom biegami do przodu i sześcioma biegami wstecz. Prowadzenie pojazdu było proste: kierowca pociągał dźwignię w żądanym kierunku, uruchamiając przekładnię boczną. Gdy dźwignia była w pełni odciągnięta, Turán mógł się natychmiast obrócić w miejscu.

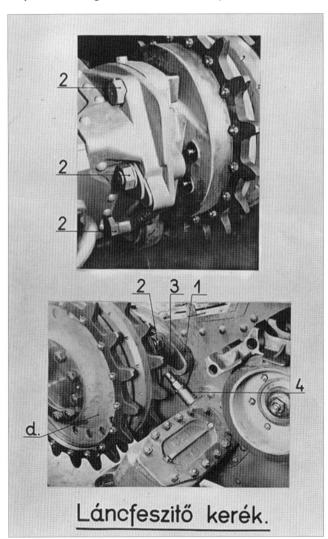

Lánfeszítő kerék.

Driving sprocket of the Turán tanks. [Maintenance Manual]
Koło napędowe czołgu Turán. [Instrukcja Techniczna]

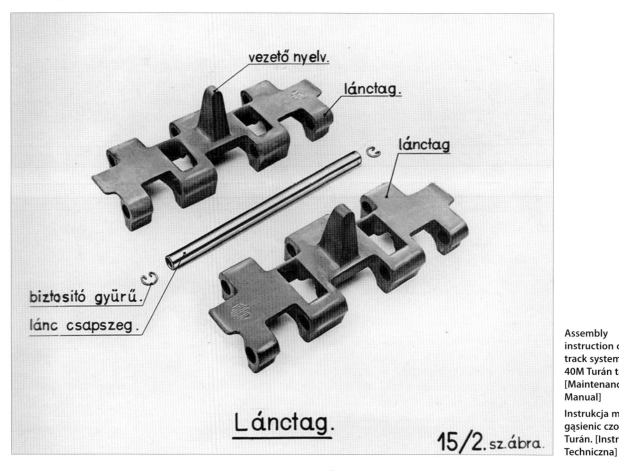

vezető nyelv.

lánctag.

lánctag

lánctag

biztositó gyürű.

lánc csapszeg.

Lánctag.

15/2. sz.ábra.

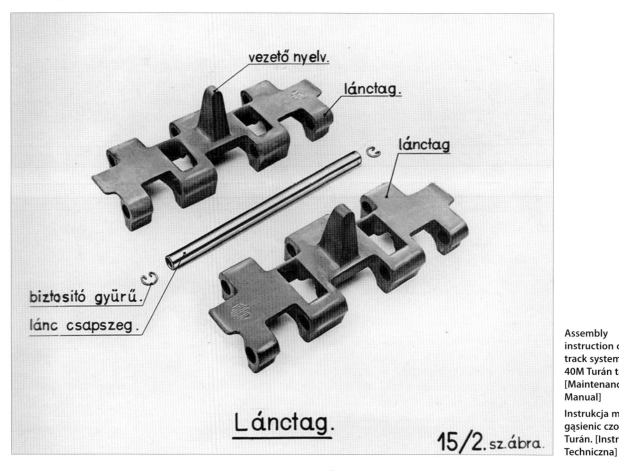

Assembly instruction of the track system of the 40M Turán tanks. [Maintenance Manual]

Instrukcja montażu gąsienic czołgu 40M Turán. [Instrukcja Techniczna]

the technical documentation of the T-21 tank with the licence rights to the Hungarians for 1.5 million Pengő, an enormous amount of money. Finally the Skoda agreed on the next terms and conditions of the licences agreement of the T-21/Turán tank as 1.184.200 Pengő for unlimited internal production in summer of 1940.

Pojazd mógł poruszać się po zboczu o nachyleniu 45° w dobrym terenie. Jego maksymalna prędkość to 47 km/h (przy niewielkim nachyleniu ku dołowi na utwardzonej nawierzchni). Droga hamowania wynosiła wówczas 200–250 m.

Dno wanny kadłuba było płaskie, na końcu przymocowana był doń pod kątem 45° stalowa płyta pancerna. Z przodu

Mass production of the hull of the 40M Turán medium tank at the Ganz Factory in 1942. [Sárhidai Gyula]

Produkcja seryjna kadłubów czołgu 40M Turán w zakładach Ganz w 1942 roku. [Sárhidai Gyula]

Assembled hull and turret of the 40M Turán medium tank at the yard of the Ganz Factory in 1942. [Sárhidai Gyula]

Kadłub i wieża czołgu 40M Turán po zakończeniu montażu w zakładach Ganz w 1942 roku. [Sárhidai Gyula]

After a three weeks long complex test trials in Hajmáskér, May 1940, the Hungarians requested some modifications:
- increasing the armour to 35mm,
- replacing the command cupola by a fixed one,
- replacing the electrical equipment with Bosch products,
- mounting a 40mm gun instead of 47mm.

The Turán's hull was made in riveted and bolted version for the Turán family. The length of the body, the driven chain elements, the power transmission systems, the controls and the suspension, as well as the production technology remained the same for the Turán tank family.

The well-proven 43M rotatable periscope was installed on the turret and on the main body.

The two batteries, the air filter and the engine oil tank have been in the main compartment. The power plant of the tank was a 260 horsepower 4-stroke, water-cooled, 8-cylinder Turán petrol engine with could move the 18,7-19,2 tons (with skirt plates) vehicle at a maximum speed of 43 km/h.

The vehicle's transmission system worked with compressed air, with 6 forward and 6 reverse gears and equipped with steering wheel brakes. Driving the vehicle was simple: the driver pulled the lever in the direction of rotation by breaking the side chain.

When the lever was fully pulled, the Turán could turn around on the spot. The vehicle was able to move along a 45° slope in good terrain with good lateral stability. Its maximum speed reached 47 km/h (on a slight slope on concrete). The braking distance was then 200-250 m.

znajdował się skośny kołnierz pancerza o nachyleniu 40°, a przednia 60-stopniowa płyta pancerza zamykała wannę. Znajdowały się na niej w zaczepy holownicze. W dnie przewidziano wyjście ewakuacyjne wraz z klapą.

Na wysokości górnej krawędzi wanny, nad podwoziem, znajdowały się błotniki, które opadały ku tyłowi pod kątem 3°. Ze względu na doświadczenia bojowe reflektory od roku 1944 zostały osłonięte cienkimi metalowymi zaślepkami. Gaśnica umieszczona była za lewym reflektorem, a po prawej stronie przymocowano róg klaksonu.

Po wewnętrznej stronie przednich błotników znajdowały się dodatkowe narzędzia: przecinak do drutu po lewej stronie oraz specjalne narzędzie do wymiany gąsienicy po prawej, a także młotek do zaciskania śrub. Przed reflektorami umieszczono po dwa grube drewniane bloki, które służyły do rozkładania ciężaru wozu w przypadku ugrzęźnięcia w podmokłym gruncie.

Ściany boczne kadłuba były pochylone o 80° do wewnątrz. Znajdowały się na nich kolejne narzędzia: po lewej stronie łopata, łom, kilof i duży młot do rozkruszania błota zaschniętego na układzie jezdnym, zaś po prawej lina holownicza ze stali. Boczne płyty pancerza ustawiono pod kątem 60° wobec płyt przednich oraz pod kątem 30° do przymocowanych do nich bocznych paneli. W dolnej części pancerza chroniącego przedział silnika znajdowały się cztery kuloodporne żaluzje, które można było zamknąć od wewnątrz. Pod tłumikami w tylnej części kadłuba znajdowała się również otwierana od wewnątrz klapa.

Rear, upper view of the hull structure, the turret ring and the steel wall between the fighting and engine compartment is visible. [Sárhidai Gyula]

Widok od tyłu i z góry na strukturę kadłuba czołgu pokazujący łożysko wieńcowe wieży i płytę pancerną oddzielającą przedział bojowy od przedziału silnikowego. [Sárhidai Gyula]

The belly of the armour hull was horizontal, at the end, a 45° armoured steel plate joined to it. There was a 40 ° sloping flange at the front and a 60 ° lower front panel closed the hull, which was also equipped with 1-1 drawbar hooks. An emergency exit was also found on the belly of the armoured hull where the crew could escape quickly from the vehicle.

At the height of the upper edge of the hull, mudguards were mounted above the chassis, which slid backwards at 3°. The headlamps that had been blinded due to the requirements of the combat experiences were shielded from the 1944s and protected by a slim metal panel. The fire extinguisher positioned behind the left headlamp and the right side the loudspeaker of the horn was attached.

On the inside of the front mudguards there were additional tools: on the left wire cutter and a special tool for replacing the track on the right a hammer for bolt pinching. In front of the headlamps, 2-2 thick wooden blocks for the jacks in case of lifting the vehicle, served as ground leveller and balance for weight distribution.

The armour hull joined by the superstructure, the side walls of which were tilted 80° inwards. The structure accommodated further attached tools; to the left, a field shovel, jimmy, pick axe, and a large hammer for mud shredding, a tow cable from the steel to the right. These side armour plates have an angle of 60 ° with the front armour plates and an angle of 30 ° with the side panels fitted to them. After the fighting compartment, the side walls continued with a small fracture toward the tail armour. In the lower part of the engine compartment, there is a bullet-proof grille that can be

Z przodu kadłuba przymocowana pod kątem 15° do dolnego pancerza wanny była płyta czołowa. Umieszczono na niej okrągły luk dostępowy dla celów konserwacyjnych oraz dwa żelazne zaciski przytrzymujące zapasowe ogniwa gąsienic. Szczelina obserwacyjna kierowcy znajdowała się na czołowej płycie pancerza, na prawo od stanowiska przedniego strzelca.

Wieża czołgu miała kształt sześciokąta, ze stałą, nieruchomą wieżyczką dowódcy i mieściła główne uzbrojenie, armatę i sprzężony karabin maszynowy oraz trzech z pięciu członków załogi: celowniczego, ładowniczego i dowódcę. Kierowca i radiooperator/strzelec przedni znajdowali się w przedniej części kadłuba.

Pięcioosobowa załoga miała też do dyspozycji pięć pistoletów, trzy pistolety maszynowe, osiem granatów ręcznych i jedną rakietnicę.

Przyczyną zmniejszenia kalibru działa było to, że nowa armata kal. 40 mm pozwalała na osiągnięcie prędkości wylotowej pocisku 820 m/s wobec 590 m/s w przypadku armaty kal. 47 mm. Mogła ona także wystrzeliwać pociski 40 mm 36M na licencji Boforsa. Modyfikację uzbrojenia głównego zamówiono w zakładach Škoda. Prawo licencyjne dla samej armaty kal. 40 mm zostało zakupione przez HTI, nazwano ją Węgrzech działem czołgowym 40 mm 41M.

Ostatecznie Madziarzy zakupili licencję na czołgi w lipcu 1940 r. Węgry miały produkować czołgi *Turán* wyłącznie na własny użytek, bez praw do eksportu. W programie *Turán* uczestniczyły cztery przedsiębiorstwa: Manfred Weiss, MÁVAG, Ganz i Győri Magyar Vagon és Gépgyár. Planowano

Turrets of the 40M Turán medium tanks manufactured at Ganz Factory in 1942. [Sárhidai Gyula]

Wieże czołgu 40M Turán w trakcie produkcji w zakładach Ganz w 1942 roku. [Sárhidai Gyula]

locked from inside with 4-4 shuttering louvers. There was also a similarly opening hatch on the back side of the armour body under the mufflers. Side panels parallel to the sides of the armour are raised at an angle of 4°.

From the front, a 15° sloping front panel was attached to the bottom flange of the hull. On the sloping front panel there is a circular mounting window for maintenance purposes and there are two iron straps that clamp the replacement track parts. The drivers' observation panel is located on the frontal armour plate, right to the machine gunner position.

The turret was hexagonal shaped, with fixed – non movable commander cupola, its accommodate the main armament, the gun and the coaxial machine gun and the three men out of the five crew; gun layer, loader and commander. The driver and radioman /machine gunner seated in the frontal space of the body.

The 5 man crew had small arms for self-protection; each crew member had a 9mm service pistol, plus three sub-machineguns (SMG), eight hand grenades and one flare pistol belonged to the weaponary.

The selected primary weapon of the 40M Turán medium tank was the 40mm gun instead of the original Czech 47mm. The reason for reducing the gun calibre was that the new Hungarian 40mm gun had a muzzle velocity of 820 m/s instead of 590 m/s for the 47mm gun. It also fired the 36M 40mm shell, which was used for the Bofors. The modification of the gun was ordered from Skoda Factory too. The licence right of this 40mm tank gun was purchased by the HTI , it was called 40mm 41M tank gun.

The secondary weapons of the tank were two Hungarian designed and made 34/40AM 8mm Gebauer machine-guns. One was a coaxial machine gun built next to the main gun,

wyprodukować 230 czołgów średnich 40M *Turán* dla dwóch formowanych właśnie dywizji.

40M *Turán* produkowany w dwóch wersjach: dowodzenia z jedną radiostacją R-5 i dwoma R-4 oraz w wersji bojowej z jedną radiostacją R-5 i jedną R-4. Oczywiście wariant dowodzenia mógł zabierać mniejszą ilość amunicji. Organizacja wspólnego programu produkcyjnego dla czterech firm była wielce skomplikowana i bardzo powolna. Podczas początkowej fazy produkcji seryjnej dokonano około 200 różnych modyfikacji w stosunku o oryginalnych planów konstrukcyjnych, ponieważ zaczęły ujawniać się wady i usterki czeskiego prototypu. Pierwszy prototyp *Turána* został ukończony w czerwcu 1941 r. Podczas testowania wozu, którego pancerz wykonany został z miękkiego żelaza, pojawiły się nowe problemy: silnik przegrzewał się, a w skrzyni biegów i układzie jezdnym wykryto kolejne niedociągnięcia. Zaprojektowana przez Manfreda Weissa chłodnica pozwoliła na wyeliminowanie większości z nich.

Kolejnym problemem okazały się płyty pancerza. Do tamtej chwili węgierskie huty wytwarzały płyty pancerne o grubości zaledwie do 13 mm. Poza tym Węgry miały trudności z pozyskaniem niektórych surowców ważnych dla przemysłu zbrojeniowego, takich jak wanad i nikiel, a przed wybuchem wojny Węgry nie zdołały zgromadzić ich w wystarczającej ilości. Huta w Diósgyőr opracowała nowy typ płyty pancernej o nazwie Mester, a Magyar Vagon és Gépgyár wzór nazwany Ajax, który nie zawierał niklu. Jednak jego wadą było to, że trudno było wykonać płytę o grubości poniżej 20 mm. Magyar Vagon és Gépgyár opracował ulepszoną płytę Ajax, która była porównywalna z płytą Mester, ale miała tę zaletę, że mogła być wytwarzana w dowolnej grubości. Były one bardziej odporne na przebicie, ale okazały się kruche. Grubość przed-

The riveted, bolted hull of the Turán tank hoisted on the assembly line at Ganz Factory in 1942. [Sárhidai Gyula]
Znitowany kadłub czołgu Turán na linii montażowej w zakładach Ganz w 1942 roku. [Sárhidai Gyula]

Another view of the Turán's hull from the right front view. [Sárhidai Gyula]
Inne ujęcie kadłuba czołgu Turán, tym razem od przodu i z prawej strony. [Sárhidai Gyula]

A brand new 40M Turán medium tank handed over to the 1/II Tank Battalion at Jászberény in 1943. [Babucs Zoltán]

Przekazanie fabrycznie nowego czołgu 40M Turán do 1/II Batalionu Czołgów w Jászberény w 1943 roku. [Babucs Zoltán]

A 40M Turán medium tank with an interesting white VI.13 number next to its license plate. [Mujzer Péter]

A 40M Turán z ciekawym oznaczeniem „VI.13" umieszczonym obok tablicy rejestracyjnej. [Mujzer Péter]

the other situated next to the driver position operated by the radioman.

The licence was sold to Hungary in July 1940. Hungary agreed to manufacture the Turán tanks only for her own use and not for export. The Turán program was farmed out to four companies: Manfred Weiss, MÁVAG, Ganz and Győri Magyar Wagon és Gépgyár. The plan was to produce 230 medium

niego pancerza została zwiększona do 50 mm, ale z powodu braku odpowiednich płyt osiągnięto to przez nałożenie płyt 25 mm oraz 35 mm.

Z powodu wszystkich tych kłopotów pierwsze pojazdy opuściły zakłady produkcyjne dopiero latem 1942 r. Splot czynników w postaci źle wyszkolonych kierowców, niewystarczających umiejętności mechaników i krótkiego programu

A fully kitted 40M Turán medium tank with entrenching tools, fire exhauster at the yard of the 1/II Tank Battalion at Jászberény. [Babucs Zoltán]

Czołg 40M Turán w pełni wyposażony w narzędzia polowe i gaśnice w parku maszynowym 1/II Batalionu Czołgów w Jászberény. [Babucs Zoltán]

The pride of the Hungarian Armoured Troops, the 41M heavy tanks lined up for take over at Automobile Depot of the Army at Mátyásföld. [Fortepan]

Duma węgierskich wojsk pancernych: ciężkie czołgi 41M zaparkowane w parku maszynowym Armii Węgierskiej w Mátyásföld. [Fortepan]

The 41M Turán heavy tank was armed with a short barrel 75mm gun, which was outdated in 1944. [Bonhardt Attila]

Czołg 41M Turán wyposażony był w krótkolufową armatę kal. 75 mm, która w 1944 roku była już przestarzała. [Bonhardt Attila]

40M Turán tanks for the two divisions that were being created.

The 40M Turán was produced in two versions, a command version with one R-5 and two R-4 radios, and the combat version with just one R-5 and one R-4 radio. Of course the command version had reduced ammunition capacity. The organisation of the joint manufacturing program was very complicated and very slow. During the initial stages of mass production, about 200 different modifications were done to the original plans because the original prototype was found to be flawed. The first prototype Turán was finished in June 1941. During testing of the iron prototype new problems arose: the engine overheated, and additional problems were found with the gearbox and chassis. A new radiator was designed by Manfred Weiss which overcame the problems.

Another problem was the armour plating. Until the manufacturing of the Turán tanks the Hungarian steel mills had manufactured armour plating only up to a thickness of 13mm. Besides, Hungary had problems with obtaining certain additives, like vanadium and nickel. Before the war Hungary was unable to collect enough vanadium, nickel and other metals

szkoleniowego spowodował wiele problemów w przypadku pierwszej serii produkcyjnej czołgów Turán.

W pojazdach montowano stacje nadawczo-odbiorcze typu R5/a oraz R-4. Załoga nosiła włoskie hełmy 39M z dobrze izolowanym zestawem słuchawkowym. Jej członkowie mogli komunikować się ze sobą. Z powodu panującego w czołgu hałasu dowódca wydawał polecenia także za pomocą konwencjonalnych sygnałów.

Załoga czołgu Turán składała się z pięciu ludzi:

– Dowódca odpowiadał za czołg, utrzymywał łączność i wydawał rozkaz do otwarcia ognia. Zwykle dowodził Turánem ze swojej wieżyczki obserwacyjnej przy otwartej klapie, podobnie jak jego niemieccy koledzy. W tym przypadku miał lepszą widoczność, ale był bardziej podatny na ostrzał przeciwnika;

– Celowniczy. Jego zadaniem była obsługa uzbrojenia głównego, armat kal. 40 lub 75 mm. Było to możliwe dzięki jednookularowemu celownikowi. Siedział on po lewej stronie wieży, w tej samej linii co kierowca. Dla lepszej widoczności dysponował także peryskopem;

– Ładowniczy zajmował stanowisko po prawej stronie wieży, w tej samej linii co strzelec przedni/radiooperator, ła-

The 41M Turán heavy tanks got the three colour camouflage with the black square- white cross military insignia. [Fortepan]
Czołgi ciężkie 41M Turán nosiły trójkolorowy kamuflaż i biały krzyż na czarnym polu. [Fortepan]

41M heavy Turán tank, number plate 2H-216 belonged 3/II Tank Battalion. [Fortepan]

Ten czołg 41M Turán o rejestracji 2H-216 należał do 3/II Batalionu Czołgów. [Fortepan]

important for war industry. The Steel Mill in Diósgyőr developed a new type MESTER plate and Magyar Wagon és Gépgyár also developed the AJAX plate; which did not contain any nickel. However its disadvantage was that below 20mm was difficult to make in thickness. Magyar Wagon és Gépgyár developed an improved AJAX plate, which was comparable to Mester plate, but could have been manufactured in any thickness. Both plates were resistant to penetration, but were somewhat brittle. The frontal armour was increased to 50mm, but because of the lack of proper plates this was achieved by combining a 25mm and 35mm plate.

Because of all these problems, the first vehicles did not leave the factories until the summer of 1942. A combination of badly-trained drivers, insufficient maintenance and the short training program created a lot of problems for this first Turán series.

The R5/a and R-4 type radios were installed in the vehicle. The crew wore 39M crash helmet with a well-insulated headset in the vehicle. They could talk to each other on a loudspeaker microphone. The commander directed the vehicle's main armament by commands or due to the combat noise with conventional signals.

The crew of a Turán tank consisted of five men:

1. The commander: whose task was to lead the armoured vehicle, keep up the communications and order and control the fire fight of the tank. Usually he led the Turán from his commander cupola with open hatch – just like the German AFV commanders. In this case he could navigate better, but was more vulnerable to the enemy fire.

2. The gun layer: whose task was to operate the main weapon, the 40 or 75mm gun. With his monocular optic he could aim the weapon.

dował działo kal. 40 lub 75 mm i obsługiwał sprzężony karabin maszynowy;

– Kierowca prowadził wóz. Siedział wewnątrz kadłuba po lewej stronie przedziału bojowego. Dysponował peryskopem;

– Radiooperator/strzelec przedni znajdował się po prawej stronie kierowcy, gdy dowódca nie był w stanie obsługiwał radiostacji, a także karabin maszynowy.

Załoga nosiła dwuczęściowe skórzane kombinezony ochronne starego wzoru lub popielate wełniane dwuczęściowe mundury 43M nowego typu, zbliżone krojem do niemieckich.

Pierwsze wozy 40M *Turán* trafiły do Ośrodka Szkolenia Broni Pancernej w Esztergom w lipcu 1942 r. Bataliony czołgów nr 1/I, 2/I, 3/I, 4/I zostały wyposażone w *Turány* pod koniec 1942 r. Łącznie do końca tego roku wyprodukowano 230 wozów.

Drugie zamówienie na 309 czołgów średnich 40M *Turán* zostało złożone, lecz z powodu opracowania nowych ciężkich czołgów 41M *Turán* wyprodukowano jedynie 55 egzemplarzy. Doświadczenia frontu wschodniego wyraźnie wskazywały, że tankietki i czołgi lekkie były bezużyteczne, a każdy czołg z działem mniejszego kalibru niż 75 mm był nieskuteczny przeciwko broni pancernej Armii Czerwonej.

CZOŁG CIĘŻKI 41M TURÁN

W 1941 r. Sztab Generalny zamówił nowy czołg ciężki oparty na średnim wozie *Turán*. Chociaż nowy czołg był uważany za ciężki według węgierskich standardów, w rzeczywistości była to w zasadzie kolejna wersja czołgu średniego 40M *Turán* z lepszym uzbrojeniem i wzmocnionym pancerzem. Prototyp ciężkiego *Turána* został ukończony w 1942 r., ale produkcja seryjna rozpoczęła się dopiero na początku 1943 r.

Głównym uzbrojeniem ciężkiego 41M *Turán* było krótkolufowe działo o prędkości wylotowej 500 m/s, które miało być

Experimental signal version of the 41M Turán tank, with extendable grid antenna system in 1943. [Bonhardt Attila]

Czołg 41M Turán w eksperymentalnej wersji wozu łączności z rozkładaną anteną. Zdjęcie z 1943 roku. [Bonhardt Attila]

Experimental signal version of the 41M Turán tank, with extendable grid antenna system parking in a strange angle in 1943. [Bonhardt Attila]

Zaparkowany pod dziwnym kątem Czołg 41M Turán w eksperymentalnej wersji wozu łączności z rozkładaną anteną. Zdjęcie z 1943 roku. [Bonhardt Attila]

The gunner seated on the left side of the turret, in the same line with the driver. To get a better sight, he had a periscope too.

3. Loader positioned on the right side of the turret, in the same line with the radio operator-machine gunner, he loaded the 40 or 75mm gun and handle the coaxial turret machine gun.

4. The driver task was to manouver the AFV. He seated on the left side of the fighting compartment. He had a big periscope with which he could navigate.

5. Radio operator – front machine gunner seated on the right side, operated the radio and the frontal machine gun.

The crew wore the Italian-style 39M crass helmets, which had been adapted by the Hungarian tankers. They wore the old two pieces leather protective suits or the new 43M smoke grey German style two pieces woollen uniform.

The first 40M Turáns were delivered to the Armoured Training School at Esztergom in July 1942. The 1/I, 2/I, 3/I, 4/I Tank

skuteczne przeciwko pionowej płycie pancernej o grubości 50 mm z odległości 500 m. Grubość pancerza została zwiększona o 30–40 mm. Dodatkowa masa w postaci jednej tony (uzbrojenie i pancerz) spowodowała pogorszenie własności jezdnych.

W sumie do końca 1944 r. wyprodukowano około 180 czołgów ciężkich 41M Turán. Pierwsze 28 czołgów przekazano pancerniakom w lipcu 1943 r. Jednak szkolenie rozpoczęło się dopiero jesienią. Węgrzy zaprojektowali także specjalny pojazd dowodzenia w oparciu o czołg Turán, czyli 43M Turán z dodatkową aparaturą nadawczo-odbiorczą. Nie miał on głównego uzbrojenia wieżowego, lecz tylko atrapę lufy wykonaną z drewna oraz karabin maszynowy. Ministerstwo Obrony zamówiło 15 pojazdów dowodzenia, ale prawdopodobnie w 1943 r. gotowy był tylko prototyp.

Kolejnym pomysłem był długolufowy czołg ciężki 43M. Chodziło o zmodyfikowanie oryginalnego działa kal. 75 mm,

43M signal Turán with three stick antennas and dummy gun in the turret, the H-802 was the test vehicle. [Éder Miklós]

Czołg 43M Turán w wersji wozu łączności z trzema antenami prętowymi i atrapą armaty zamontowaną w wieży czołgu. H-802 był pojazdem testowym. [Éder Miklós]

The side view of the signal Turán, on the turret the jacks of the grid antenna system is still visible. [Éder Miklós]

Widok boczny czołgu Turán w wersji wozu łączności. Na wieży widoczny jest mechanizm rozkładania anteny. [Éder Miklós]

Long barrelled 43M heavy Turán tank, number plate H-803, with mock up turret and gun.[Sárhidai Gyula]

Czołg ciężki 43M Turán H-803 wyposażony w atrapę armaty długolufowej i atrapę wieży. [Sárhidai Gyula]

The reshaped turret of the long barrelled 43M Turán tank at the workshop in 1944. [Sárhidai Gyula]

Czołg ciężki 43M Turán z armatą długolufową i zmodyfikowaną wieżą. Zdjęcie z 1944 roku. [Sárhidai Gyula]

Battalions were equipped with their 40M Turáns at the end of 1942. A total of 230 Turáns were produced by the end of 1942.

The second orders, for 309 medium 40M Turán tanks were placed, but due to the development of the new heavy 41M Turáns, only 55 were manufactured. Lessons learned on the Eastern Front had clearly shown that the tankettes, light tanks were useless as decisive weapons, and also that any tank with a gun smaller than 75mm was ineffective against Russian armour.

41M TURÁN HEAVY TANK

In 1941 the General Staff ordered a new heavy tank based on the medium Turán. Although this new tank was considered as heavy by Hungarian standards, in fact it was

tak aby było bardziej skuteczne w walce z ciężkimi czołgami sowieckimi. Wykorzystano w tym celu armatę L/43 43M 75 mm, wzorowaną na niemieckiej PaK 40. Podczas prób dostrzeżono pewną liczbę problemów, a alianckie naloty spowolniły opracowywanie konstrukcji, która została skasowana jesienią 1944 r.

Na podstawie ówczesnej niemieckiej praktyki i lekcji wyniesionych z frontu w 1944 r. średnie i ciężkie Turány zaczęły otrzymywać dodatkowe ekrany przeciwkumulacyjne, umieszczone na kadłubie i wieży. Idąc za przykładem Niemców, Madziarzy opracowali własny system osłon dla czołgów Turán i dział szturmowych Zrínyi.

Aby zabezpieczyć układ jezdny i poprawić ochronę kadłuba i wieży, podczas testów podniesiono potrzebę monta-

The rear view of the experimental turret of the 43M Turán with large door. [Sárhidai Gyula]

Widok od tyłu eksperymentalnej wieży czołgu 43M Turán wyposażonej w duży właz. [Sárhidai Gyula]

Side view of the 43M Turán heavy tank with long barrelled but still dummy gun in the experimental turret. [Sárhidai Gyula]

Widok z boku czołgu 43M Turán z eksperymentalną wieżą, w której zainstalowana została atrapa armaty długolufowej. [Sárhidai Gyula]

basically a version of the 40M Turán medium tank with increased armament and additional armour. The prototype of the heavy Turán was finished in 1942, but production did not begin until early 1943.

The main armament of the 41M heavy Turán was a short-barrelled gun which had a muzzle velocity of 500m/sec, which was supposed to be effective against 50mm vertical armour plate at a range of 500m. The armour plating was increased by 30-40mm. The 1 ton of additional weight of the new armament and armour caused performance to worsen.

żu płyt przeciwkumulacyjnych. Perforowane płyty odbijały co prawda pociski, ale błoto z łatwością mogło przez nie przenikać, blokując gąsienice i nadwyrężając silnik. Zabroniono zatem instalowania płyt przy minusowej temperaturze. Waga bocznych osłon wynosiła 250 kg, czyli mogło je unieść pięciu ludzi. Wieżę również otaczały płyty przeciwkumulacyjne wyposażone jednak w klapy umożliwiające załodze ewakuację w nagłym wypadku.

Niektóre uszkodzone w walce czołgi 40M Turán zostały przebudowane jako 41M. Proces przezbrojenia polegający na wymianie wieży 40M Turán na wieżę 41M Turán był dość pro-

In total, around 180 heavy 41M Turán tanks were produced up to the end of 1944. The first 28 tanks were handed over to the armoured troops in July 1943. Training began only in the autumn of 1943. The Hungarians also designed a special command vehicle based on the Turán, the 43M Turán signals/command vehicle. It had no turret armament, only a dummy gun barrel made of wood and a machine guns. The vehicle had a larger radio capacity and special stick radio antennas. The Ministry of Defence ordered 15 command vehicles, but it is likely that only the prototype was finished, in 1943.

Another invention was the 43M long-barrelled heavy tank. The idea was to modify the original 75mm short-barrelled gun to become more effective against the heavy Russian armour. The gun was a long barrel L43 43M 75mm, based on the German PaK 40. During test trials of the gun several problems arose, and allied air raids also created obstacles during the development, which was cancelled in the autumn of 1944.

Based on the current German practice and lessons learned at the front, in 1944 the medium and heavy Turáns received additional skirting plates, on the hull and on the turret.

Following the German example the Hungarians developed their own skirt plate system for the Turán tanks and Zrínyi assault howitzers.

In order to protect the track system and improve the protection of the hull and the turret, the need for mounting of the skirt plates was raised during the tests.

The perforated skirt plates deflected the projectiles, but mud could easily burst onto it, blocking the track and pushing the engine further.

It was forbidden to install the skirt plates in freezing temperature. The weight of the side skirt plates weighing 250 kg could easily be lifted by 4 people. The turret was also protected by all around skirt plates with hatches to allow the crew the escape in case of emergency.

Some battle-damaged 40M Turán tanks were rebuilt as 41M models. The rearmament process, which involved the 40M Turán changing its turret to that of the 41M Turán, was simple enough because the shape and radius of the two turrets were the same. The damaged turrets of the Turán 40 were simply replaced by Turán 75 turrets.

Technical Data
Designation: **40M Turán I (Turán 40) medium tank**
Years of production: 1941-1943
Factory/ produced quantity: Weis Manfred Factory, MÁVAG, Ganz, Magyar Vaggon/ 285
Combat weight: 18.7 t
Length: 5530 mm
Width: 2444 mm
Height: 2355 mm
Ground pressure: 0,61 kp/cm/3,
Crew: 5
Engine: Weiss Manfred V-8 H 4
Displacement: 14866 cm/3
Cylinders: 8
Horsepower: 260 Hp
Speed: 47,2 km/h
Range: 165 km on road
Obstacles – step: 0,8 m
ditch: 2,2 m
ford: 0,9 m

The skirt plated long barrelled 43M heavy Turán tank with 75mm gun at the yard of the Artillery Depot, on the left is the prototype of the Zrínyi I assault gun. [Sárhidai Gyula]

Czołg 43M Turán wyposażony w osłony antykumulacyjne i armatę 75 mm w parku maszynowym wojsk artyleryjskich. Po lewej stronie widoczny jest prototyp działa samobieżnego Zrínyi I. [Sárhidai Gyula]

sty, ponieważ kształt i średnica pierścieni obydwu wież były takie same. Uszkodzone wieże czołgów Turán 40 zostały po prostu zastąpione wieżami Turán 75. Były to nazwy stosowane powszechnie dla obu wariantów

Dane taktyczno-techniczne 40M *Turán I (Turán 40)*
Okres produkcji: 1941–1943
Producent/ilość egzemplarzy: Weiss Manfred , MÁVAG, Ganz, Magyar Vagon/285
Masa: 18,7 t
Długość: 5530 mm
Szerokość: 2444 mm
Wysokość: 2355 mm
Nacisk jednostkowy: 0,61 kp/cm^3
Załoga: 5
Silnik: Weiss Manfred V-8 H 4
Pojemność: 14,866 cm^3
Liczba cylindrów: 8
Moc: 260 KM
Prędkość: 47,2 km/h
Zasięg: 165 km na drodze
Przeszkody:
– pionowa ściana – 0,8 m
– rów – 2,2 m
– bród – 0,9 m
Uzbrojenie:
– armata M41 mm kal. 40 mm
– zasięg ognia: 4500 m
– szybkostrzelność: 12 pocisków na minutę
– dwa karabiny maszynowe 34/40AM kal 8 mm
– trzy pistolety maszynowe 39M załogi
Zapas amunicji:
– 101 × 40 mm nabój przeciwpancerny i odłamkowy
– 3000 × 8 mm nabój do km
– 840 × 9 mm nabój do pm
– 5 × granat dymny

Factory level maintenance of the 40M Turán medium and 38M Toldi light tanks at the workshop of the Automobile Depot at Mátyásföld in 1943. [Fortepan]

Czołgi 40M Turán i 38M Toldi w trakcie prac obsługowych w parku maszynowym Armii Węgierskiej w Mátyásföld. 1943 rok. [Fortepan]

The mass production of the armoured vehicles in Hungary was ended by the Allied air raids in July 1944. [Sárhidai Gyula]

Produkcja seryjna wozów pancernych na Węgrzech została przerwana po nalotach alianckich w lipcu 1944 roku. [Sárhidai Gyula]

Armament:
– one 41M 40 mm gun
– range: 4500 m
– rate of fire: 12 rounds/minute
– two 34/40AM 8 mm machine-guns
– crew self-protection weapons three 39M submachine guns
Ammunition:
– 101 × 40 mm armour piercing and fragmentation shell
– 3000 × 8 mm machine gun cartridge
– 840 × 9 mm sub-machine gun cartridge
– 5 × smoke candles
Armour: 13-50 mm
Radio: one R-5/a and one R-4 radio with stick antenna
Number plates:
– WM: H-803 - H-871
– MÁVAG: 1H-201 – 1H- 268
– MWG: 1H-001 – 1H-086
– Ganz: 1H-426 – 1H-489
Designation: **41M Turán II (Turán 75) heavy tank**
Years of production: 1943-1944

Pancerz: 13–50 mm
Radiostacja: 1 × R-5, 1 × R-4
Tablice rejestracyjne:
– WM: H-803 – H-871
– MÁVAG: 1H-201 – 1H-268
– MWG: 1H-001 – 1H-086
– Ganz: 1H-426 – 1H-489

Dane taktyczno-techniczne 41M *Turán II* (*Turán 75*)
Okres produkcji: 1943–1944
Producent/ilość egzemplarzy: Weiss Manfred, Magyar Vagon, Ganz/129–189
Masa: 19,2 t (bez ekranów przeciwkumulacyjnych)
Długość: 5530 mm
Szerokość: 2440 mm
Wysokość: 2380 mm
Nacisk jednostkowy: 0,64 kp/cm^3
Załoga: 5
Silnik: Weiss Manfred V-8 H.
Pojemność: 14,866 cm^3

The extensive use of the armoured vehicles caused a lot of technical break downs, caused constant work at the workshop of the Automobile Depot at Mátyásföld. [Fortepan]

Intensywne użytkowanie broni pancernej skutkowało wieloma awariami, a personel warsztatów naprawczych w parku maszynowym w Mátyásföld miał wciąż pełne ręce pracy. [Fortepan]

Factory/ produced quantity: Weis Manfred Factory, M. Vaggon, Ganz/ 129-189
Combat weight: 19,2 t (without skirt plates)
Length: 5530 mm
Width: 2440 mm
Height: 2380 mm
Ground pressure: 0,64 kp/cm/3
Crew: 5
Engine: Weis Manfred V-8 H
Displacement: 14866 cm/3
Cylinders: 8
Horsepower: 260 Hp
Speed: 45 km/h
Range: 165 km on road
Obstacles – step: 0,80 m
ditch: 2,2 m
ford: 0.9 m
Armament:
– one 41M 75 mm short barrel gun
– range: 6300 – 8400 m
– rate of fire: 12 shots/ minute
– two 34/40AM 8 mm machine-guns
Crew self-protection weapons: three 9mm 39M sub-machine gun
Ammunition:
– 56 × 75mm armoured piercing and fragmentation shell
– 3000 machine gun cartridge
– 840 × 9mm submachine cartridge
– 5 smoke candles
Armour: 13-50 mm
Radio: one R-5/a and one R-4 radio with stick antenna
Number plates:
– WM: 2H-000 – 2H-061, 2H-077 – 2H-086

Liczba cylindrów: 8
Moc: 260 KM
Prędkość: 45 km/h
Zasięg: 165 km na drodze
Przeszkody:
– pionowa ściana: 0,80 m
– rów: 2,2 m
– bród: 0,9 m
Uzbrojenie:
– krótkolufowe działo 41M kal. 75 mm
– zasięg ognia: 6300–8400 m
– szybkostrzelność: 12 strzałów na minutę
– dwa karabiny maszynowe 34/40AM kal 8 mm
– trzy pistolety maszynowe 39M kal. 9 mm
Zapas amunicji:
– 56 × 75 mm nabój przeciwpancerny i odłamkowy
– 3000 × 8 mm do km
– 840 × 9 mm do pm
– 5 × granat dymny
Pancerz: 13–50 mm
Radiostacja: 1 × R-5 i 1 × R-4
Tablice rejestracyjne:
– WM: 2H-000 – 2H-061, 2H-077 – 2H-086
– MWG: 2H-201 – 2H-235, 2H-436, 2H-458, 1H-083
– Ganz: 2H-400 – 2H-435

Dane taktyczno-techniczne 43M *Turán III* (*Turán 75* długolufowy)
Okres produkcji: 1943–1944
Producent/ilość egzemplarzy: Weiss Manfred/jeden prototyp
Masa: 23,3 t (z ekranami)
Długość: 6860 mm (z armatą)
Szerokość: 2650 mm (z ekranami)

The cadets of the Ludovika Military Academy gathering around a Turán tank during the summer exercise in 1943. [Mujzer Péter]

Słuchacze Akademii Wojskowej Ludovika zebrani wokół czołgu Turán w trakcie ćwiczeń latem 1943 roku. [Mujzer Péter]

Test trial of the newly produced 40M Turán tanks, the number plate painted on the rear of the turret. [Sárhidai Gyula]

Testy fabryczne nowo wyprodukowanego czołgu 40M Turán. Numery rejestracyjne namalowane białą farbą na tylnej części wieży. [Sárhidai Gyula]

– MWG: 2H-201 – 2H-235, 2H-436 – 2H-458, 1H-083
– Ganz: 2H-400 – 2H-435

Designation: 43M Turán III (Turán 75 long barrelled) heavy tank
Years of production: 1943-1944
Factory/produced quantity: Weis Manfred Factory/ one prototype
Combat weight: 23,3 t (with skirt plates)
Length: 6860 mm (with gun)
Width: 2650 mm (with skirt plates)
Height: 2650 mm
Ground pressure: 0,78 kp/cm/3
Crew: 4-5
Engine: Manfred Weiss V-8 H
Displacement: 14866 cm/3
Cylinders: 8
Horsepower: 260 Hp
Speed: 37 km/h (with skirt plates)
Range: 165 km on road
Obstacle – step: 0,8 m
ditch: 2,2 m
ford: 0,9 m
Armament:
– one 43M L55 75 mm gun
– range: 7500 – 8600 m
– rate of fire: 12 shots/minute

Wysokość: 2650 mm
Nacisk jednostkowy: 0,78 kp/cm³
Załoga: 4–5
Silnik: Manfred Weiss V-8 H
Pojemność: 14,866 cm³
Liczba cylindrów: 8
Moc: 260 KM
Prędkość: 37 km/h (z ekranami)
Zasięg: 165 km na drodze
Przeszkody:
– pionowa ściana: 0,8 m
– rów: 2,2 m
– bród: 0,9 m
Uzbrojenie:
– armata 43M L/55 kal. 75 mm
– zasięg ognia: 7500 - 8600 m
– szybkostrzelność: 12 strzałów na minutę
– dwa karabiny maszynowe 34/40AM kal. 8 mm
– trzy pistolety maszynowe 39M kal. 9 mm
Zapas amunicji:
– 32 × 75 mm nabój przeciwpancerny i odłamkowy
– 3000 × 8 mm nabój km
– 840 × 9 mm nabój pm
– 5 × granat dymny
Pancerz: 13–75 mm
Radiostacja: 1 × R-5, 1 × R-4
Tablice rejestracyjne: prototyp H-830

– two 34/40. AM 8 mm machine-guns
Crew self-protection weapons: three 9 mm 39M sub-machine gun
Ammunition:
– 32 × 75mm armoured piercing and fragmentation shell
– 3000 × 8 mm machine gun cartridge
– 840 × 9 mm sub-machine gun cartridge
– 5 smoke candles
Armour: 13-75 mm
Radio: one R-5/a and one R-4 radio with stick antenna
Number plates: H-830 prototype

VEHICLE COSTS

During production there was an ongoing discussion between the Ministry of Defence and the factories about the prices to be charged for each vehicle. In reality, the price actually paid by the Ministry was a compromise; more or less half-way between the prices asked for by the factories and the offer prices from the Ministry. Note: The exchange rate in 1936 was US$1 = 3.40 Pengő.

Type	Factory price	Army price
40M Turán	290.000 Pengő	245.000 Pengő
41M Turán	325.000 Pengő	280.000 Pengő

Production of Turán I				
Weiss Manfred	Ganz	Rába*	MAVAG	Total
70	74	82	59	285
Production of Turán II				
Weiss Manfred	Ganz	Rába	MAVAG	Total
54	36	55	–	145

* The Rába factory was officially called Magyar Vagon és Gépgyár and was located in Győr.

OFFICIAL VEHICLE DESIGNATIONS

The Hungarian-made armoured vehicles had different designations during their use. There were one or more official designations, and of course the troops used their own common names. The names shown in parentheses were official designations used in the later part of the war.
– 40M Turán medium tank (Turán 40) or Turán I
– 41M Turán heavy tank (Turán75) or Turán II
– 43M Turán command tank
– 43M Turán heavy tank (Turán75 long-barrelled)

STRUCTURE AND ORGANIZATION

Based on combat experiences during 1941, the General Staff of the Hungarian Army modified the organisation of the Mobile Brach. It became clear that the deployment of different kinds of troops (mechanised, cavalry and cyclist) in one unit was not satisfactory.

The new Turán tanks were intended to deploy to the newly organised armoured divisions. In October 1942 the Mobile Corps was converted into the I Armoured Corps consisting of the Corps' HQ, 1st and 2nd Armoured Divisions, and the 1st Armoured Signal Battalion. The organisation of the new armoured divisions consisted of one tank and one motorised rifle regiment, with three battalions of each plus one reconnaissance battalion, one engineer battalion, a signal battalion, an A/A artillery battalion and a A/A-AT battalion, three mechanised artillery battalions, plus supply units.

KOSZT POJAZDU

W okresie trwania produkcji toczyły się ciągłe rozmowy pomiędzy Ministerstwem Obrony a przedsiębiorstwami na temat cen niemal każdego pojazdu. W rzeczywistości cena faktycznie płacona przez ministerstwo była mniej więcej o połowę mniejsza od żądań producentów, a zarazem o połowę większa od oferty ministerstwa. Uwaga: kurs wymiany w roku 1936 wynosił 1 USD = 3,40 Pengő.

Typ	Cena fabryczna	Oferta wojska
40M Turán	290 000 Pengő	245 000 Pengő
41M Turán	325 000 Pengő	280 000 Pengő

Produkcja czołgów Turán I				
Weiss Manfred	Ganz	Rába*	MAVAG	Łącznie
70	74	82	59	285
Produkcja czołgów Turán II				
Weiss Manfred	Ganz	Rába	MAVAG	Łącznie
54	36	55	–	145

* Fabryka Rába oficjalnie nazywała się Magyar Vagon és Gépgyár i mieściła się w Győr.

OFICJALNE OZNACZENIA POJAZDÓW

Węgierskie pojazdy pancerne nosiły rozmaite oznaczenia w okresie użytkowania. Istniały jedna lub więcej oficjalnych nazw, a wśród żołnierzy oczywiście funkcjonowały nazwy potoczne. Oznaczenia podane w nawiasach były oficjalnymi nazwami używanymi w późniejszym okresie wojny:
– Czołg średni 40M Turán (Turán 40) lub Turán I,
– Czołg ciężki 41M Turán (Turán 75 krótkolufowy) lub Turán II,
– Czołg dowodzenia 43M Turán,
– Czołg ciężki 43M Turán (Turán 75 długolufowy).

STRUKTURA I ORGANIZACJA

W wyniku doświadczeń frontowych w 1941 r. Sztab Generalny armii węgierskiej uaktualnił strukturę organizacyjną broni szybkich. Stało się jasne, że przydzielanie różnych rodzajów wojsk (zmotoryzowanych, klasycznej kawalerii oraz cyklistów) do jednej wielkiej jednostki nie było rozwiązaniem korzystnym.

Nowe czołgi Turán miały zostać przydzielone do nowo formowanych dywizji pancernych. W październiku 1942 r. dotychczasowy Korpus Szybki został przekształcony w I Korpus Pancerny składający się z dowództwa, 1. i 2. Dywizji Pancernej oraz 1. Pancernego Batalionu Łączności. Każdą z nowych dywizji pancernych tworzył jeden pułk czołgów oraz jeden pułk strzelców zmotoryzowanych, z trzema batalionami na pułk, a do tego jeden dywizyjny batalion rozpoznawczy, batalion saperów, batalion łączności, batalion artylerii przeciwlotniczej oraz batalion przeciwlotniczo-przeciwpancerny, trzy bataliony artylerii motorowej, pododdziały zaopatrzenia i gospodarze.

Istniejących sześć batalionów czołgów zostało zorganizowanych w dwa pułki. Bataliony posiadały po dwie kompanie średnie i dwie ciężkie oraz kompanie dowodzenia i jedną kompanię zaopatrzenia.

Teoretycznie każda z dwóch dywizji pancernych miała dysponować następującymi wozami bojowymi:
– 66 × czołg ciężki 41M Turán,
– 114 × czołg średni 40M Turán,
– 82 × lekki czołg 38M Toldi I oraz II,

The Military Acceptance Committee (KÁB) testing the 40M Turán medium tank, number 1H-042. [Sárhidai Gyula]

Czołg 40M Turán 1H-042 przechodzący testy odbiorcze pod kontrolą Wojskowej Komisji Odbioru Uzbrojenia (KÁB). [Sárhidai Gyula]

Introduction of the 40M Turán medium tank of the 3rd Tank Regiment to the infantry in 1943. [Sárhidai Gyula]

Żołnierze piechoty zapoznają się z czołgiem 40M Turán należącym do 3 Pułku Czołgów. Zdjęcie z 1943 roku. [Sárhidai Gyula]

Six tank battalions were organised into two tank regiments. The battalions had two medium and two heavy companies and one staff and one supply company.

On paper, an armoured division was to have the following armoured vehicles:

66 heavy tank 41M Turán
114 medium tank 40M Turán
82 light tank 38M Toldi I., II.
42 A/A-AT vehicle 40M Nimród
14 armoured car 39M and 40M Csaba

The tank regiment consisted of one of each staff, sapper and maintenance company. The staff company had three 40M Turán tanks (2 commander, 1 normal vehicles) plus a reconnaissance platoon with 5 x 38M Toldi light tanks. The battalion staff company had a similar complement with the addition of one Nimród platoon equipped with one 38M Toldi

– 42 × wóz przeciwlotniczo-przeciwpancerny 40M Nimród,
– 14 × samochód pancerny 39M i 40M Csaba.

Pułk czołgów miał w składzie kompanie dowodzenia, saperów oraz techniczną. Kompania dowodzenia posiadała trzy czołgi 40M Turán (dwa w wariancie dowodzenia, jeden zwykły), a także pluton rozpoznawczy z pięcioma czołgami lekkimi 38M Toldi.

Kompania dowodzenia batalionu miała podobną strukturę, wzbogaconą o jeden pluton wozów Nimród wyposażony w jeden czołg lekki 38M Toldi i cztery pojazdy przeciwlotniczo-przeciwpancerne 40M Nimród.

Kompanie ciężkie były wyposażone w 11 ciężkich czołgów 41M Turán każda oraz pluton rozpoznawczy z pięcioma czołgami 38M Toldi.

Kompanie średnie miały po 17 czołgów średnich 40M Turán i pięć czołgów lekkich 38M Toldi w plutonie rozpoznawczym. Batalion czołgów dysponował kompanią zaopatrzenia.

40M Turán medium tank belonged to the 3rd Tank Regiment with operating smoke candles.

Czołg 40M Turán z 3 Pułku Czołgów w trakcie stawiania zasłony dymnej.

light tank and 4 x 40M Nimród A/A-AT vehicles. The heavy companies were equipped with 11 x 41M heavy Turán tanks plus a reconnaissance platoon with 5 x 38M Toldi tanks. The medium companies had 17 x 40M medium Turán tanks and 5 x 38M Toldi light tanks at the reconnaissance platoon. The tank battalion also had a supply company.

In 1943 the armoured units were located as follows:
1st Armoured Division
1 /I Tank Battalion, Esztergom
1 /II Tank Battalion, Jászberény
1 /III Tank battalion, Rétság
2nd Armoured Division
3/I Tank Battalion, Cegléd
3/II Tank Battalion, Kecskemét
3/III Tank Battalion, Kiskunhalas

ARMOURED CAVALRY UNITS

The cavalry units were removed from the Mobile Corps order of battle. The two cavalry brigades were disbanded in October 1942. Three hussar regiments were organised into the 1st Cavalry Division in 1942. The armoured cavalry battalions of the cavalry brigades were also disbanded, and a reconnaissance and a cavalry tank battalion were formed for the division. The reconnaissance battalion got the 39. M Csaba armoured cars and the tank battalion got the new 40M and 41M Turán tanks in 1943.

ASSAULT ARTILLERY

According to the official terminology the assault artillery did not belonged to the Mobile/Armoured Branch. It was organised, inspected and crewed mainly by artillery men and officers. On the other hand they fought with armoured vehicles. Their history is inseparable from the Armoured Troops.

The Hungarian Army organised assault gun battalions which it was planned to equip with Hungarian-made Zrínyi assault guns/howitzers. On October 1, 1943, the 1st and the 10th As-

W roku 1943 jednostki pancerne znajdowały się w następujących garnizonach:
– 1. Dywizja Pancerna,
– 1/I Batalion Czołgów, Esztergom,
– 1/II Batalion Czołgów, Jászberény,
– 1/III Batalion Czołgów, Rétság,
– 2. Dywizja Pancerna,
– 3/I Batalion Czołgów, Cegléd,
– 3/II Batalion Czołgów, Kecskemét,
– 3/III Batalion Czołgów, Kiskunhalas.

KAWALERIA PANCERNA

Jednostki klasycznej kawalerii konnej zostały usunięte ze składu Korpusu Szybkiego. Dwie brygady kawalerii zostały rozwiązane w październiku 1942 r. W tym samym czasie z trzech pułków huzarów utworzono 1. Dywizję Kawalerii. Rozwiązano także brygadowe bataliony kawalerii pancernej, formując zamiast tego dywizyjny batalion rozpoznawczy oraz dywizyjny batalion czołgów. Batalion rozpoznawczy otrzymał samochody pancerne 39M *Csaba*, natomiast batalion czołgów w 1943 r. wyposażony został w nowe czołgi 40M i 41M *Turán*.

ARTYLERIA SZTURMOWA

Z formalnego punktu widzenia artyleria szturmowa nie wchodziła w skład broni szybkich. Ten rodzaj broni podlegał dowództwu artylerii, załogi tworzyli artylerzyści. Z drugiej jednak strony wykorzystywali w walce wozy bojowe. Ich historia jest więc nierozerwalnie związana z wojskami pancernymi.

Formowane bataliony dział szturmowych planowano wyposażyć w wyprodukowane na Węgrzech haubice samobieżne *Zrínyi*. 1 października 1943 r. utworzono 1. i 10. Bataliony Dział Szturmowych oraz 2. i 8. kadrowe ośrodki szkoleniowe. Ośrodki te zostały zorganizowane w celu szkolenia załóg batalionów, a w kwietniu 1944 r. zostały przekształcone w bataliony dział szturmowych. Do tego czasu szkolenie prowadzono przy użyciu czołgów *Toldi* i *Turán*. 1. Batalion Dział Szturmowych dyspo-

Exercising Turán medium company of the 1st Tank Regiment at Esztergomtábor in 1943.

Czołgi Turán z 1 Pułku Czołgów w trakcie ćwiczeń w Esztergomtábor. 1943 rok.

sault Gun Battalions and the 2nd-8th Assault Gun Training Cadres were formed. These cadres were organised for training crews for the battalions, and in April 1944 these cadres were converted into assault gun battalions. By this time, training had started with Toldi and Turán tanks. The 1st Assault Gun Battalion had 10 x 41M heavy Turán and 10 x 38M Toldi light tanks, and the 2nd, 8th Assault Gun Training Cadres received 7 heavy 41M Turán tanks.

CAMOUFLAGE AND MARKINGS

Until 1942, this disruptive camouflage was brush-applied with hard-edged patterns of irregular blotches. However, in 1942 the Hungarians began to use spray equipment on the Turáns and other types, giving the camouflage patterns a more diaphanous appearance. In 1944, some of the armoured and non-armoured vehicles were uniformly painted dark green.

nował dziesięcioma czołgami ciężkimi 41M Turán oraz dziesięcioma czołgami lekkimi 38M Toldi, zaś 2. i 8. kadrowe ośrodki szkoleniowe otrzymały siedem czołgów ciężkich 41M Turán.

MALOWANIE I OZNAKOWANIE

Do 1942 r. malowanie maskujące było nakładane pędzlem i składało się z nieregularnych plam o ostrych liniach podziału między kolorami. W roku 1942 Węgrzy zaczęli malować swe pojazdy natryskowo, zarówno Turany, jak i inne typy wozów bojowych, co spowodowało mniej wyraźnie zaznaczone granice pomiędzy poszczególnymi barwami. W 1944 r. niektóre wozy bojowe i pojazdy transportowe malowane były jednolicie barwą ciemnozieloną.

Choć regulaminy określały precyzyjnie kolory kamuflażu, w rzeczywistości różniły się one między sobą w zależności od producenta.

41M Turán heavy tank with soldiers probably belonged to the maintenance platoon at the barrack of a tank battalion in early 1944.

Czołg 41M Turán i członkowie personelu technicznego z plutonu naprawczego w koszarach batalionu na początku 1944 roku.

Medium company of the 1ˢᵗ Cavalry Tank Battalion in 1943, the white rhombus was the battalion unit sign. [Almási Balázs]

Kompania czołgów średnich z 1 Batalionu Kawalerii Pancernej. Zdjęcie z 1943 roku. Biały romb był oznaczeniem batalionu. [Almási Balázs]

An army regulation defined the camouflage colours to be used, but the style of the patches varied according to the different factories where the vehicles were produced.

NATIONAL MILITARY INSIGNIA

The order issued on the 16 of November 1942 prohibited the use of the old insignia and introduced a new, uniform one, already used by the air force - white cross over a black square ("L") - authorised in three different sizes according to the location on the vehicles. The instructions required the insignia to be placed on all visible sides of vehicles, but in practice it was applied only to the flanks and in increased size to the engine deck. Later of course there were occasions when the required dimensions of the insignia were visibly changed. Some reminiscences recall that on occasions only the white cross was applied without the black square. While never reached widespread use the national flag fixed over a frame to ease identification both from ground and air deserves mentioning. The size of the flag was 500x500 mm, increased, without the frame, to 1x1 m from 1944 on

UNIT INSIGNIA

The first unit signs were painted on the Ansaldos in 1938 As of 1942 the units started to use the basic geometrical symbols, painted on the front and back mud-guards or the hull.

The Armoured Corps regulated the unit signs of the subordinated units in 1943. Interestingly not all of the units used the regulated unit signs. For example there is no decision in the regulation about the divisional signs for the armoured divisions. The 2ⁿᵈ Armoured Division used the white turned up triangle.

In 1944 the division and regiment (battalion) signs were painted on the left and right front and rear hull or mudguards. The non-armoured vehicles also carried unit signs, following the above mentioned regulations.

OZNACZENIA PRZYNALEŻNOŚCI PAŃSTWOWEJ

W myśl rozkazu z dnia 16 listopada 1942 r. zakazywano dalszego używania starych oznaczeń i wprowadzano nowy, jednolity, używany już przez siły powietrzne, biały krzyż nad czarnym kwadracie („L") – dopuszczony w trzech różnych rozmiarach w zależności od umiejscowienia na pojazdach. Regulaminy wymagały umieszczenia oznaczeń na wszystkich widocznych płaszczyznach pionowych pojazdów, ale w praktyce zastosowano je tylko na bokach, a w powiększonym rozmiarze na pokrywie silnika. Oczywiście zdarzały się sytuacje, w których wymiary oznaczeń różniły się od regulaminowych. W niektórych relacjach znajdujemy informacje, że czasami stosowano tylko sam biały krzyż bez czarnego kwadratu. Chociaż nigdy nie znalazło to powszechnego zastosowania, flaga narodowa miała być teoretycznie zamocowana na antenie w celu ułatwienia identyfikacji zarówno z ziemi, jak i powietrza. Ten martwy w praktyce przepis zasługuje jednak na wzmiankę. Rozmiar flagi wynosił 500 × 500 mm, powiększony do 1 × 1 m rozkazem z roku 1944.

OZNACZENIA JEDNOSTEK

Pierwsze godła wyróżniające poszczególne oddziały zostały zastosowane na tankietkach Ansaldo w 1938 r. Od roku 1942 oddziały pancerne zaczęły używać podstawowych symboli geometrycznych, malowanych na błotnikach przednich oraz tylnych lub na kadłubie.

W I. Korpusie Pancernym uregulowano system oznaczeń podległych jednostek już w 1943 r. Co ciekawe, nie wszystkie z nich w praktyce stosowały się do zaleceń. Na przykład 2. Dywizja Pancerna konsekwentnie używała oznaczenia w postaci odwróconego białego trójkąta.

W 1944 r. oznaczenia dywizji i pułku (batalion) malowano w przedniej i tylnej części kadłuba lub na błotnikach. Pojazdy transportowe również nosiły oznaczenia jednostek, zgodnie z wyżej wymienionymi przepisami.

Samochody ciężarowe batalionów czołgów nosiły te same godła oddziałów, co wozy bojowe. Oznaczenia jednostek strzelców zmotoryzowanych, artylerii itp. powstały w latach 1940–1941.

Staff Company of the 1st Cavalry Tank Battalion with 40M Turán medium tank and a 38M Toldi light tank belonging to the Reconnaissance Platoon. [Almási Balázs]

Kompania sztabowa 1. Batalionu Kawalerii Pancernej z pojazdami 40M Turán i 38M Toldi należącymi do plutonu rozpoznania. [Almási Balázs]

40M medium Turán tank of the 1st Cavalry Tank Battalion wearing the divisional and battalion sig as well as on the mudguards at Zenta, behind the tank is the Fortress of Pétervárad. [Almási Balázs]

Czołg 40M Turán z 1. Batalionu Kawalerii Pancernej noszący oznaczenia dywizyjne i batalionowe, także na błotnikach sfotografowany w Zenta. W tle znajduje się twierdza Pétervárad. [Almási Balázs]

The trucks of the armoured battalions carried the same unit signs as the armoured vehicles. The motorised rifle, artillery etc. troops invented their own unit signs during 1940-41.

LICENSE PLATES

The Hungarian Army trucks and armoured vehicles also had a system of vehicle licence plates. On the armoured vehicles, the front serial number was shown in a thin white rectangle. The style was usually an H, with the national shield (red-white-green), followed by a three digit serial number. The capital H referred to the Honvéd (Hungarian Army). The H and the numbers were painted in black. The same serial numbers were on the rear of the hull, but in a square shape.

Later, from 1944, the front license plate was simply painted on the camouflage without the white rectangle. On each license plate, the numbers identified the type of vehicle: 1 H identified the Turán 40M, 2H was the Turán 41M, and 3H was the Zrínyi.

TACTICAL NUMBERING

Hungarian armoured vehicles adopted the use of turret numbers in 1942. The 1st Armoured Field Division had large turret numbers. They were similar to the German-style three- digit identifications, and were used on both sides and back of the turret.

In 1944 the 2nd Armoured Division used a four-digit tactical number painted only on the rear plate of the turret.

TABLICE REJESTRACYJNE

Pojazdy transportowe oraz wozy bojowe armii węgierskiej wyróżniały się unikalnym systemem tablic rejestracyjnych. W przypadku pojazdów pancernych przedni numer rejestracyjny nanoszony był wewnątrz wąskiego białego prostokąta. Numer zaczynał się zwykle literą „H" (Honvéd), z tarczą w barwach narodowych (czerwono-biało-zielona), a następnie znajdował się trzycyfrowy numerem seryjnym. Litery „H" oraz cyfry były malowane na czarno. Te same numery rejestracyjne znajdowały się z tyłu kadłuba, ale wpisane były w kwadrat.

Następnie, od roku 1944, przednią tablicę rejestracyjną malowano po prostu bezpośrednio na kamuflażu, bez białego prostokąta. Na każdej tablicy rejestracyjnej numery oznaczały typ pojazdu, i tak „1H" oznaczało Turán 40M, „2H" to Turán 41M, a „3H" Zrínyi.

NUMERY TAKTYCZNE

Węgierskie wojska pancerne przyjęły stosowanie taktycznych numerów wieżowych w 1942 r. 1. Dywizja Pancerna stosowała system dużych trzycyfrowych numerów w stylu niemieckim, umieszczanych po obydwu stronach oraz z tyłu wieży.

W 1944 r. 2. Dywizja Pancerna używała czterocyfrowych numerów taktycznych, malowanych jedynie na tylnej płycie pancerza wieży.

INDIVIDUAL MARKINGS

Individual markings were not typical among the Hungarian armoured troops. It was not regulated but was tolerated by the Army during the war. Even artillery pieces were named after fiancés and girlfriends according to contemporary film footages.

OPERATIONAL HISTORY OF THE TURÁN TANKS

THE 2ND ARMOURED DIVISION IN GALICIA, 1944

Following the disaster at Stalingrad in February 1943, the Hungarians began to reassess their alliance with Germany and began looking for an opportunity to leave the Axis. The German reaction to this was to occupy Hungary by force on March 19, 1944 and to replace the government (and the Army High Command) with pro-German elements.

Face with the rapid advance of the Russian forces, the 1st Hungarian Army was mobilised and deployed in the Carpathian Mountains in the spring of 1944. However, the Germans ordered the Hungarians to move the 1st Army out of the well-constructed defence lines of the Carpathian Mountains and into Galicia.

The task of the Hungarian forces was to advance and stabilise the situation between the German Army Groups North-Ukraine and South-Ukraine along the line of Kolomea-Ottyina-Stanislavov.

The 1st Army comprised of 3 light infantry (2 regiments each), 3 infantry divisions (with 3 infantry regiments each), two mountain brigades and the 2nd Armoured Division.

The assault artillery crew worn mechanic overall with crash helmets posing in a 41M heavy Turán.

Załoga artylerzystów, ubrana w kombinezony i hełmy, pozuje do zdjęcia w czołgu 41M Turán.

OZNACZENIA INDYWIDUALNE

Indywidualne nazwy lub symbole nie były szczególnie popularne wśród węgierskich pancerniaków. Był to zwyczaj nieregulaminowy, lecz tolerowany podczas wojny. Najpopularniejsze było nadawanie pojazdom, a nawet działom imion na cześć narzeczonych lub ówczesnych aktorek filmowych.

HISTORIA DZIAŁAŃ CZOŁGÓW ŚREDNICH I CIĘŻKICH TURÁN

2. DYWIZJA PANCERNA W MAŁOPOLSCE WSCHODNIEJ, ROK 1944

Po katastrofie stalingradzkiej w lutym 1943 roku Węgrzy jeszcze raz ocenili sojusz z Niemcami i rozpoczęli poszukiwaniaą okazji do opuszczenia Osi. Niemiecka reakcja polegała na okupacji Węgier 19 marca 1944 roku i zastąpieniu rządu (i naczelnego dowództwa armii) elementami pro-niemieckimi.

W obliczu szybkiego postępu sił sowieckich została zmobilizowana i rozlokowana w Karpatach wiosną roku 1944 nowa 1. Armia Węgierska. Niemcy jednak nakazali Węgrom przesunąć 1. Armię z dobrze przygotowanych linii obronnych w Karpatach do Małopolski Wschodniej.

Zadaniem sił węgierskich było ustabilizowanie sytuacji między niemieckimi grupami armii Północna i Południowa Ukraina wzdłuż linii Kołomyja-Stanisławów.

Training Cadre of the 1st Assault Artillery Battalion used the 41M Turán heavy tanks for conversion in 1943.

Kadra 1. Batalionu Artylerii Samobieżnej używała do przeszkolenia w 1943 roku czołgów 41M Turán.

The 40/43M Zrínyi and the Turán tanks had the same hull, technical hardware which helped the conversion training, at the Training Cadre of the 1st Assault Artillery Battalion.

Pojazdy 40/43M Zrínyi i Turán miały identyczny kadłub, co ułatwiało szkolenie załóg w ośrodku szkoleniowym 1 Batalionu Artylerii Samobieżnej.

The 2nd Armoured Division was the first armoured unit equipped with exclusively with Hungarian produced armoured vehicles, including 40M Turán medium and 41M Turán heavy tanks.

Among the men and officers up to the highest level the expectations were high according to the combat effectiveness of the Turán tanks.

The 2nd Armoured Division was mobilised on 13 March and was the most powerful unit of the 1st Hungarian Army. The division was equipped totally with Hungarian produced armoured vehicles: 40M Turán medium, 41M Turán heavy tanks, 40M Nimród Sp.AT-AA vehicles, 39M and 40M Csaba armoured cars and 38M Toldi tanks. However, due to the slow rate of production, the armoured strength of the division was not at 100%.

The division had 120 medium and 55 heavy Turáns, 84 light Toldi tanks and 42 Nimród Sp. AT-AA vehicles, as well as 14 Csaba armoured cars. The 3rd Tank Regiment was short of 18 medium and 14 heavy Turáns, one Toldi and two Nimród armoured vehicles. However, this shortages only meant that the 3/III Tank Battalion was about on half strength, missing one heavy tank (11x 41M Turán) and one medium tank (17x 40M Turán) companies.

When the division was deployed to the front, the 3rd Tank Regiment consisted of only two battalions, 3/I and 3/II. The third, (3/III Battalion) remained at home waiting for its armoured vehicles. The 3/III Battalion joined the division at the front line later on, in July.

The Division was also lack of 80 motorcycles, 160 cars and trucks. The divisional level ammunition ration was short of 30.000 Turán 40 mm and 12.000 Turán 75mm shells. Just the regiment level ammunition ration was complete. The 3rd Tank Regiment and its subordinated maintenance units were deployed without spare parts, repair kits for the tank's gun. In case of the slightest technical malfunction the tank was unfit for combat.

1. Armia składała się z trzech lekkich dywizji piechoty (po dwa pułki), trzech dywizji piechoty (po trzy pułki), dwóch brygad górskich i 2. Dywizji Pancernej.

2. Dywizja Pancerna była pierwszą jednostką pancerną wyposażoną wyłącznie w węgierskie wozy bojowe, w tym czołgi średnie 40M Turán i czołgi ciężkie 41M Turán. Wśród wszystkich – począwszy od szeregowych żołnierzy aż po naczelne dowództwo - oczekiwania wobec nich były wysokie.

2. Dywizja Pancerna została oficjalnie powołana do życia 13 marca i była najsilniejszą jednostką 1. Armii Węgierskiej. Dywizja została całkowicie wyposażona w węgierskie wozy bojowe: czołgi średnie 40M Turán, czołgi ciężkie 41M Turán, samobieżne działa przeciwlotniczo-przeciwpancerne 40M Nimród, samochody pancerne 39M i 40M Csaba oraz czołgi lekkie 38M Toldi. Jednak z powodu wolnego tempa produkcji liczba pojazdów w dywizji była niższa od etatowej.

Dywizja posiadała 120 średnich i 55 ciężkich Turanów, 84 lekkie czołgi Toldi i 42 Nimródy, a także 14 samochodów pancernych Csaba. W 3. Pułku Pancernym brakowało 18 średnich i 14 ciężkich Turanów, jednego Toldi i dwóch pojazdów pancernych Nimród. Niedobory te oznaczały jednak tylko, że 3/III batalion czołgów był o połowę mniejszy, brakowało jednej kompanii czołgów ciężkich (11 x 41M Turán) oraz jednej czołgów średnich (17 x 40M Turán).

Kiedy dywizja znalazła się na froncie na froncie, 3. Pułk Pancerny składał się tylko z dwóch batalionów, 3/I i 3/II. Btalion 3/III) pozostał na Węgrzech, oczekując na swoje pojazdy. Dołączył do dywizji dopiero w lipcu.

Dywizji brakowało również 80 motocykli, 160 samochodów osobowych i ciężarowych. Za mała była też ilość amunicji, której na poziomie dywizji brakowało 30 000 nabojów do Turán 40 mm i 12 000 do Turán 75 mm. Tylko na poziomie pułku ilość amunicji odpowiadała stanom etatowym. 3. Pułk Czołgów raz podległe mu jednostki warsztatowe nie posiadały części zamiennych ani zestawów naprawczych do dział czołgowych. W przypadku najmniejszej usterki technicznej czołg nie nadawał się już do walki.

The 2nd Armoured Division was sent to Galicia with its Hungarian made armoured vehicles, 40 and 41M Turán tanks.

2. Dywizja Pancerna ze swymi węgierskimi czołgami 40 i 41M Turán została skierowana do walk w Galicji.

40. M Turán medium tank painted in three tones camouflage and late style military insignia at the yards of the Automobile Depot of the Army at Mátyásföld, 1943. [coloured by Deák Tamás]

Czołg średni 40M Turán w trójkolorowym kamuflażu i z oznaczeniami przynależności państwowej późnej wersji zaparkowany na placu parku maszynowego Armii Węgierskiej w Mátyásföld. 1943 rok. [koloryzacja Deák Tamás]

Factory fresh 41. M Turán heavy tanks at the Automobile Depot of the Army, the tanks painted in three tones camouflage, the military and unit signs not yet painted. [coloured by Deák Tamás]

Fabrycznie nowe czołgi ciężkie 41M Turán w parku maszynowym Armii Węgierskiej. Na trójkolorowym kamuflażu pojazdów nie dodano jeszcze oznaczeń przynależności państwowej, ani insygniów jednostek. [koloryzacja Deák Tamás]

The prototype of the 41. M Turán signal tank painted in three tone camouflage with late style military insignia, armed with dummy gun. [coloured by Deák Tamás]

Prototyp czołgu 41M w wersji wozu łączności. Czołg w trójkolorowym malowaniu i z oznaczeniami przynależności państwowej późnej wersji. W wieży zainstalowana jest atrapa armaty. [koloryzacja Deák Tamás]

40. M Turán medium tanks on official trial before taken over by the Army Acceptance Committee, the tanks operated by civilian, factory crew. Painted in dark olive green camouflage. [coloured by Deák Tamás]

Czołgi 40M Turán podczas prób przed przekazaniem wozów Woskowej Komisji Odbioru Uzbrojenia. Pojazdy, w jednolitym ciemnozielonym malowaniu, obsługiwane są przez cywilne załogi fabryczne. [koloryzacja Deák Tamás]

40. M Turán medium tanks on trial before taken over by the Army Acceptance Committee, the tanks operated by civilian, factory crew. Painted in dark olive green camouflage. [coloured by Deák Tamás]

Czołgi 40M Turán podczas prób przed przekazaniem wozów Woskowej Komisji Odbioru Uzbrojenia. Pojazdy, w jednolitym ciemno-oliwkowo zielonym malowaniu, obsługiwane są przez cywilne załogi fabryczne. [koloryzacja Deák Tamás]

Advancing Hungarian and German tanks at Nadworna, April 1944. In front of the 40. M Turán tank a German Pz. IV.H tank still wearing the winter camouflage. The tactical number of the Turán was overpainted by the censor. [coloured by Deák Tamás]

Natarcie węgierskich i niemieckich czołgów w rejonie Nadwornej w kwietniu 1944 roku. Pojazd przed czołgiem 40M Turán to niemiecki Pz. IV.H w zimowym kamuflażu. Numer taktyczny na wieży węgierskiego czołgu został zamalowany przez cenzurę. [koloryzacja Deák Tamás]

Painted by/Rysował: ARKADIUSZ WRÓBEL

40. M Turán medium tank, number plate 1H-472, belonged to the 3/III Tank Battalion at Kiskunhalas in 1943, painted in three tone camouflages with late style military insignia.

Ten czołg 40M Turán o numerze rejestracyjnym 1H-472 należał w 1943 do 3/III Batalionu Czołgów z Kiskunhalas. Czołg ma trójkolorowy kamuflaż i oznaczenia późnej wersji.

inC⊙MBAT

40. M Turán medium tank with standard dark olive green camouflage, with late style military insignia and Mechanised Branch sign.

Czołg średni 40M w standardowym ciemno-oliwkowo zielonym malowaniu. Pojazd ma oznaczenia późnej wersji i godło wojsk zmechanizowanych.

Mechanised Branch Sign.

Godło wojsk zmechanizowanych.

Painted by/Rysował: ARKADIUSZ WRÓBEL

40. M Turán medium tank, belonged to the 7th Company 3/II Tank Battalion, number plate 1H-218, with winter camouflage captured by the Soviet Army in spring of 1945.

Ten 40M Turán (nr rejestracyjny 1H-218) był na wyposażeniu 7 Kompanii 3/II Batalionu Czołgów. Pojazd w malowaniu zimowym został zdobyty przez Armię Czerwoną wiosną 1945 roku.

41. M Turán heavy tank belonged to the 1st Armoured Division, captured by the Soviet Army during the siege of Budapest, early 1945. The Turán skirt plated and has a name "PIPE" painted on the skirt plate.

Ten 41M Turán należał do 1 Dywizji Pancernej. Czołg padł łupem wojsk radzieckich w trakcie oblężenia Budapesztu na początku 1945 roku. Uwagę zwraca napis „PIPE" na osłonie antykumulacyjnej.

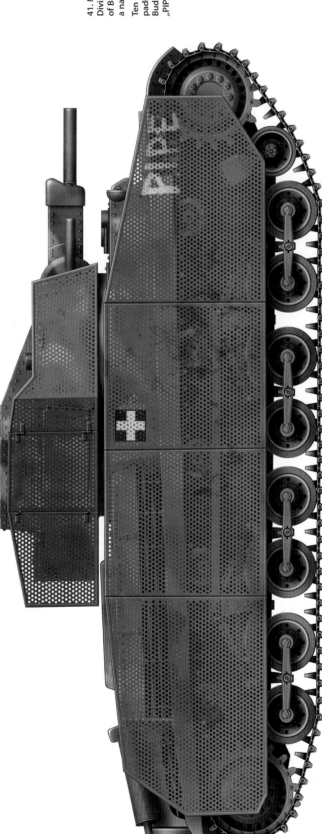

in**COMBAT**

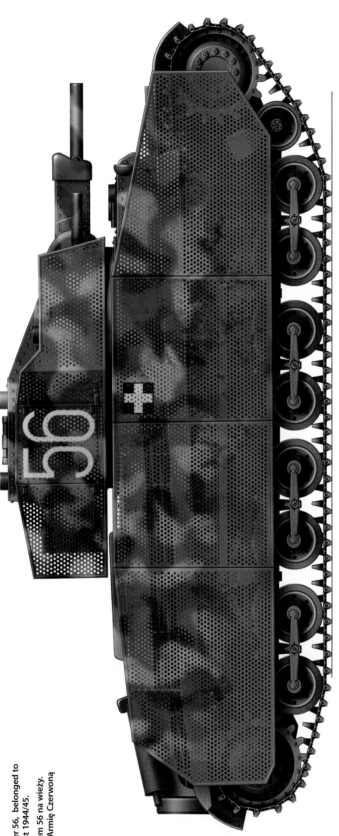

41M heavy Turán tank, three tone camouflage, turret number 56, belonged to the 3rd Tank Regiment, captured by the Red Army at Budapest 1944/45.

Ciężki czołg 41M Turán w trójbarwnym kamuflażu i z numerem 56 na wieży. Pojazd należał do 3 Pułku Pancernego. Został zdobyty przez Armię Czerwoną w Budapeszcie w 1944/1945 r.

41M experimental signal Turán tank with grid antenna, olive green camouflage, white cross military insignia.

Eksperymentalny czołg łączności 41M Turán z anteną siatkową. Pojazd w jednolitym oliwkowozielonym kamuflażu i z białymi krzyżami wojskowymi.

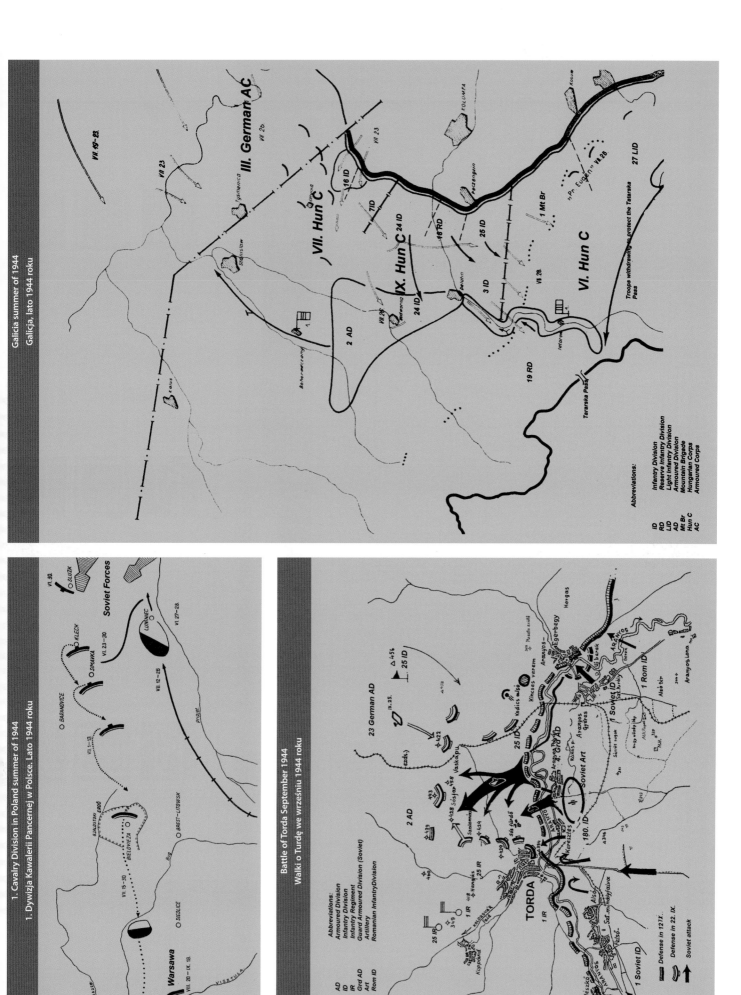

Galicia summer of 1944
Galicja, lato 1944 roku

III. German AC

VII. Hun C

IX. Hun C

VI. Hun C

VII. AG—23

VII. 23

VII. 2b

16 ID

7 ID

18 RD

24 ID

25 ID

3 ID

19 RD

1 Mt Br

VII. 26

"Pr. Eugen" VII. 26

27 LID

Troops withdrawing to protect the Tatarska Pass

2 AD

Tararska Pass

Abbreviations:

ID	Infantry Division
RD	Reserve Infantry Division
LID	Light Infantry Division
AD	Armoured Division
Mt Br	Mountain Brigade
Hun C	Hungarian Corps
AC	Armoured Corps

1. Cavalry Division in Poland summer of 1944
1. Dywizja Kawalerii Pancernej w Polsce. Lato 1944 roku

Warsawa

Soviet Forces

VI. 30.

SLUZK

KLECK

SIMAKWA

LUNINIEC

VI. 27—28

VI. 23—30

BARANOVICE

VII. 12—26

VII. 1—13

BIALYSTOK

BIELOVIEZA

VII. 15—30

SIEDLCE

BREST—LITOWSK

VIII. 20—IX. 18.

VIII. 1—20.

NIEVKLA

MILANOWEK

VISTULA

Battle of Torda September 1944
Walki o Turdę we wrześniu 1944 roku

23 German AD

IX.25.

25 ID

△ 456

Egerbegy

Hörgas

Aranyos—

Aranyos

1 Rom ID

Soviet ID

2 AD

Soviet Art

180. ID.

TORDA

1 IR

25 IR

25 IR

1 IR

Koppand

Mészkö

Aranyos-Lóna

1 Soviet ID

Abbreviations:

AD	Armoured Division
ID	Infantry Division
IR	Infantry Regiment
Grd AD	Guard Armoured Division (Soviet)
Art	Artillery
Rom ID	Romanian InfantryDivision

Defense in 12.IX.

Defense in 22. IX.

Soviet attack

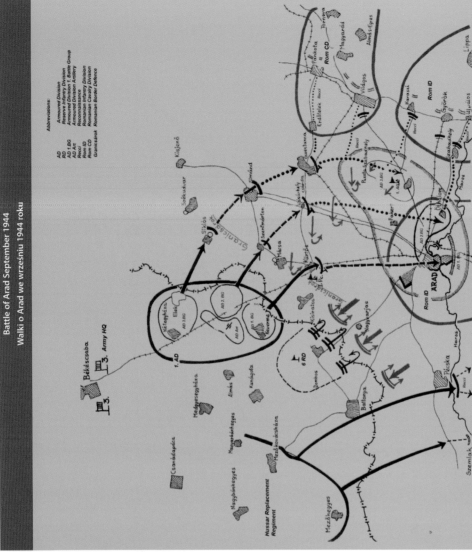

Operation around Budapest November 1944
Walki w rejonie Budapesztu, listopad 1944 roku

Ungvár

1. Hun Army

Wöhler Army Group

Fretter-Pico Army Group

III Ger AC

IV Ger AC
LVII Ger AC
1 Ger AD
13 Ger AD

23 Ger AD
24 Ger AD

20 Hun ID

4 SS AD

23 Hun ID
10 Ger ID

BUDAPEST

Soviet attack 29 of October

3. Hun Army

2. Hun Army

SZEGED

3. Ukrainen Front

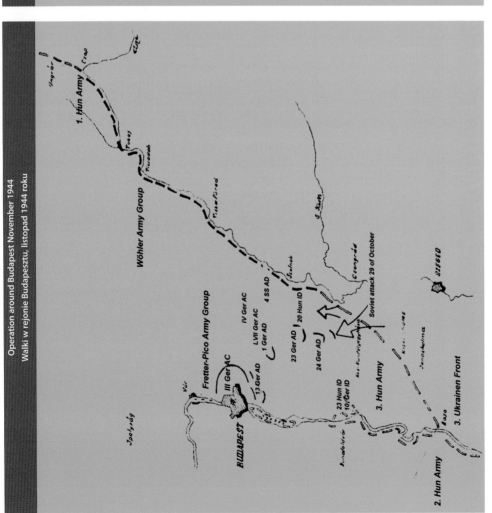

Battle of Arad September 1944
Walki o Arad we wrześniu 1944 roku

Abbreviations:
AD — Armoured Division
RD — Reserve Infantry Division
AD 1 BG — Armoured Division 1 Battle Group
AD Art — Armoured Division Artillery
Recci — Reconnaissance
Rom ID — Romanian Infantry Division
Rom CD — Romanian Cavalry Division
Graniczarok — Romanian Border Defence

3. Army HQ

Békéscsaba

1. AD

Csanádapáca

Magyarbánhegyes

Nagykamarás

Almás

Kaszapér

Nagybánkegyes

Mezőkovácsháza

Hussar Replacement Regiment

Mezőkegyes

Battonya

Pécska

Szemlak

6 RD

ARAD

Rom ID

Kisjenő

Borosjenő

Simánd

Szentmárton

Világos

Rom CD

Rom ID

Lippa

Units signs/ Oznaczenia jednostek

32. Independent Tank Battalion later 3/II Tank Battalion
32. Niezależny Batalion Czołgów, później przemianowany na 3/II Batalion Czołgów

3. Tank Regiment
3. Pułk Czołgów

1. Cavalry Division
1. Dywizja Kawalerii Pancernej

1. Tank Regiment
1. Pułk Czołgów

3/I Tank Battalion
3/I Batalion Czołgów

1. Cavalry Tank Battalion / Companies
1. Batalion Kawalerii Pancernej/ Kompanie

1/I Tank Battalion
1/I Batalion Czołgów

3/II Tank Battalion
3/II Batalion Czołgów

2. Armoured Division
2. Dywizja Pancerna

1/II Tank Battalion
1/II Batalion Czołgów

3/III Tank Battalion
3/III Batalion Czołgów

1. Assault Artillery Battalion/Training Cadre
1. Batalion Artylerii Samobieżnej/Oddział Szkolny

Side view of the 40M Turán medium tank. [Bajtos Iván]

Widok boczny czołgu średniego 40M Turán. [Bajtos Iván]

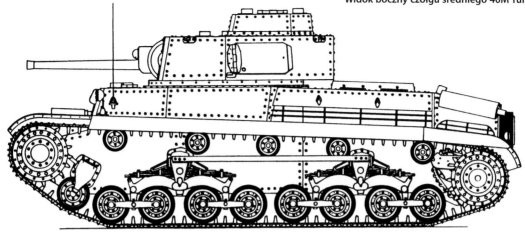

Front view of
the 40M Turán
medium tank.
[Bajtos Iván]

Widok z przodu
czołgu średniego
40M Turán.
[Bajtos Iván]

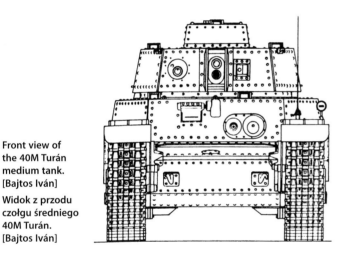

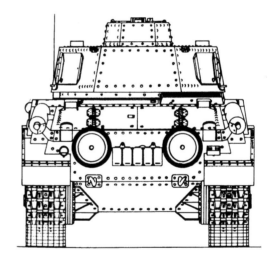

Rear view of
the 40M Turán
medium tank.
[Bajtos Iván]

Widok z tyłu
czołgu średniego
40M Turán.
[Bajtos Iván]

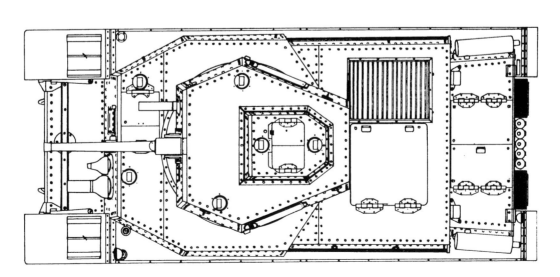

Top view of the 40M Turán medium tank. [Bajtos Iván]

Widok z góry czołgu średniego 40M Turán. [Bajtos Iván]

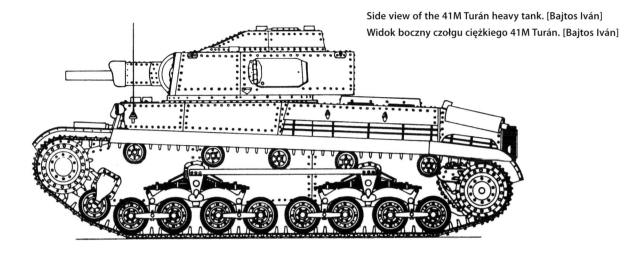

Side view of the 41M Turán heavy tank. [Bajtos Iván]
Widok boczny czołgu ciężkiego 41M Turán. [Bajtos Iván]

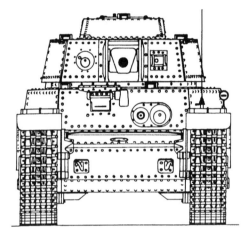

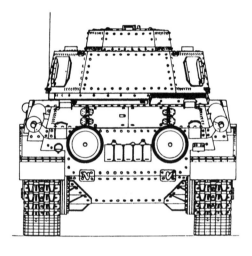

Front view of the 41M Turán heavy tank. [Bajtos Iván]
Widok z przodu czołgu ciężkiego 41M Turán. [Bajtos Iván]

Rear view of the 41M Turán heavy tank. [Bajtos Iván]
Widok z tyłu czołgu ciężkiego 41M Turán. [Bajtos Iván]

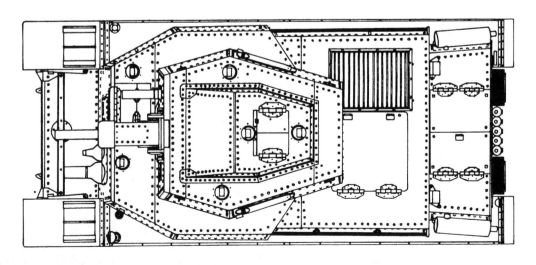

Top view of the 41M Turán heavy tank. [Bajtos Iván]
Widok z góry czołgu ciężkiego 41M Turán. [Bajtos Iván]

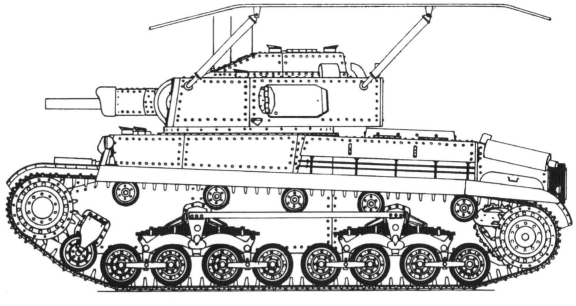

Side view of the experimental signal Turán tank with retracted grid antenna. [Bajtos Iván]

Widok boczny doświadczalnego czołgu Turán w wersji wozu łączności ze złożoną anteną. [Bajtos Iván]

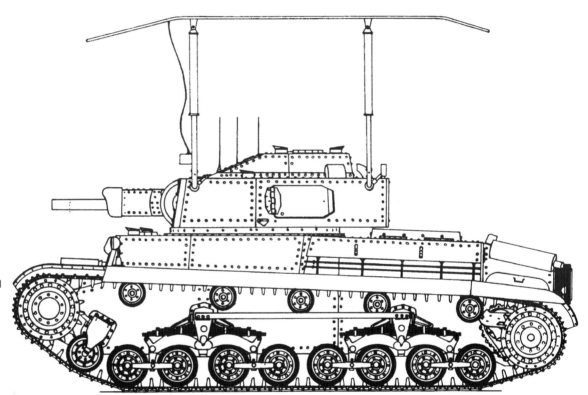

Side view of the experimental signal Turán tank with grid antenna in working position. [Bajtos Iván]

Widok boczny doświadczalnego czołgu Turán w wersji wozu łączności z anteną w pozycji roboczej. [Bajtos Iván]

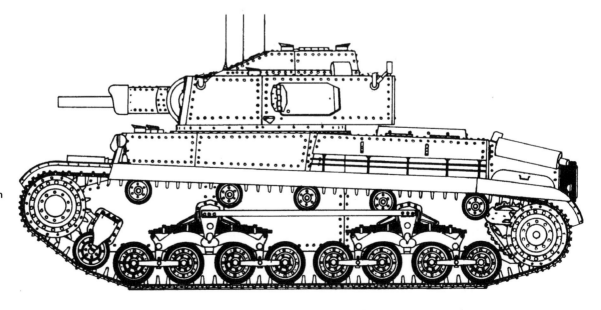

Side view of the signal Turán tank with stick antennas. [Bajtos Iván]

Widok boczny doświadczalnego czołgu Turán w wersji wozu łączności z antenami prętowymi. [Bajtos Iván]

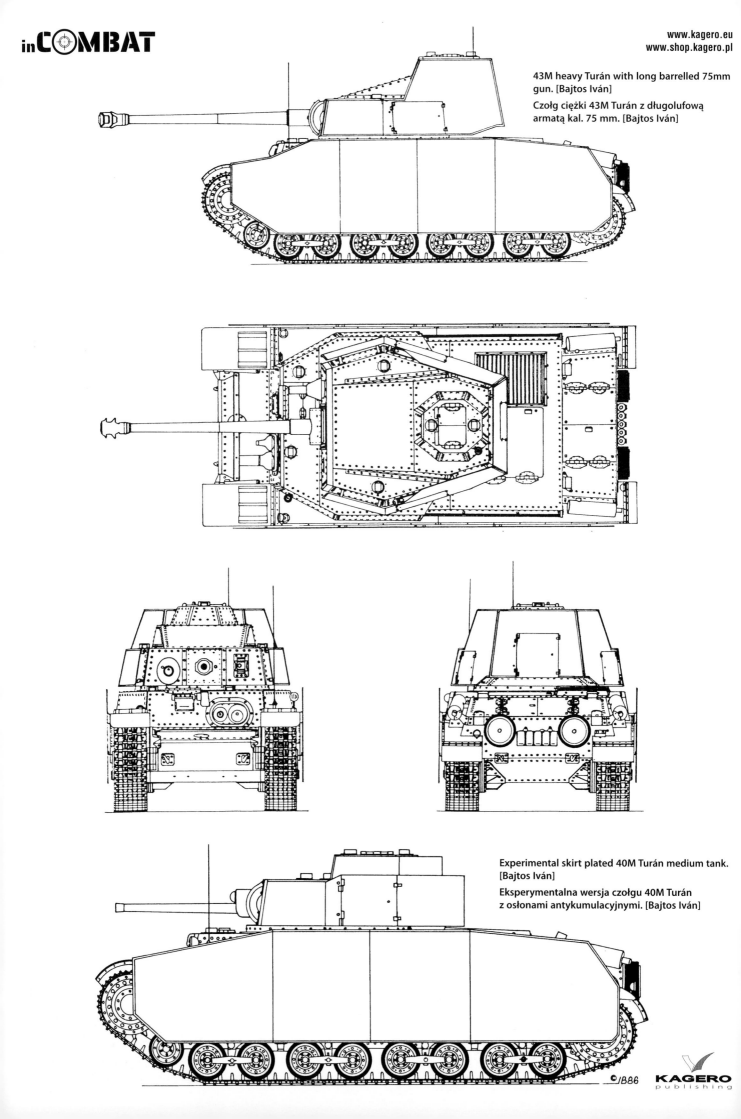

43M heavy Turán with long barrelled 75mm gun. [Bajtos Iván]

Czołg ciężki 43M Turán z długolufową armatą kal. 75 mm. [Bajtos Iván]

Experimental skirt plated 40M Turán medium tank. [Bajtos Iván]

Eksperymentalna wersja czołgu 40M Turán z osłonami antykumulacyjnymi. [Bajtos Iván]

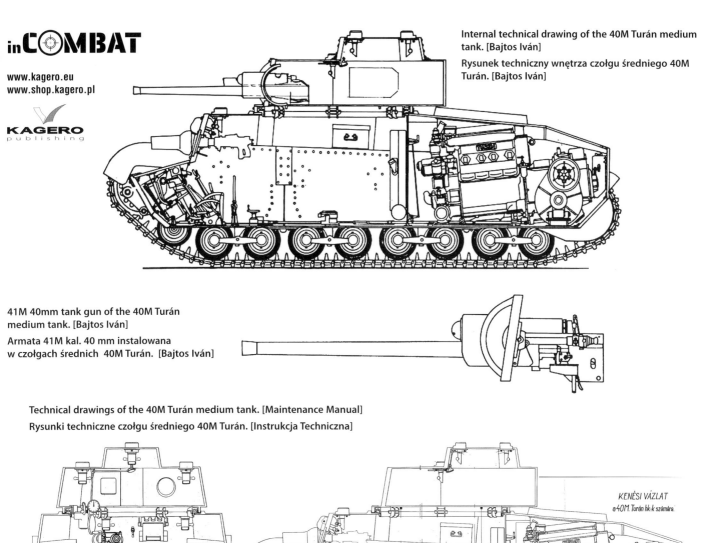

Internal technical drawing of the 40M Turán medium tank. [Bajtos Iván]

Rysunek techniczny wnętrza czołgu średniego 40M Turán. [Bajtos Iván]

41M 40mm tank gun of the 40M Turán medium tank. [Bajtos Iván]

Armata 41M kal. 40 mm instalowana w czołgach średnich 40M Turán. [Bajtos Iván]

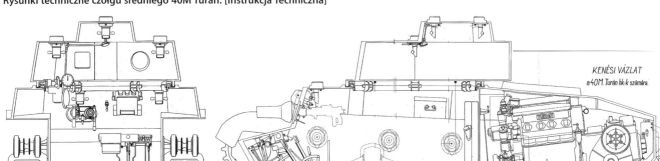

Technical drawings of the 40M Turán medium tank. [Maintenance Manual]

Rysunki techniczne czołgu średniego 40M Turán. [Instrukcja Techniczna]

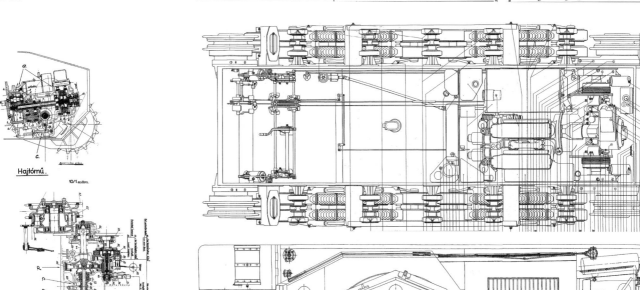

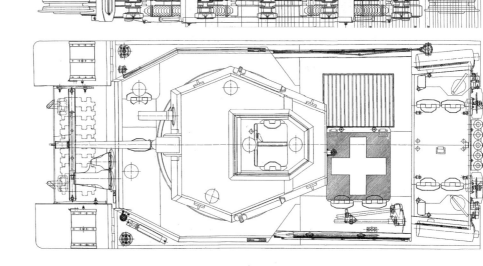

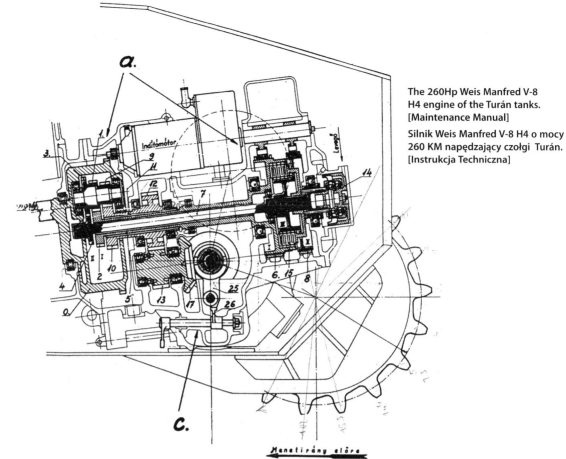

The 260Hp Weis Manfred V-8 H4 engine of the Turán tanks. [Maintenance Manual]

Silnik Weis Manfred V-8 H4 o mocy 260 KM napędzający czołgi Turán. [Instrukcja Techniczna]

Hajtómű.

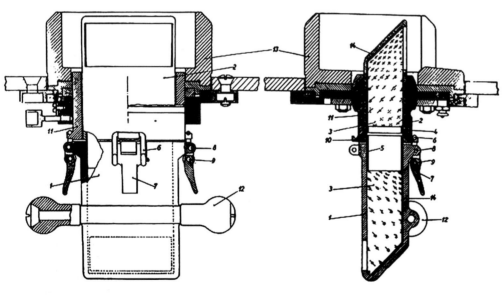

1 alsó prizmatok	5 alsó prizmakeret	8 csapszeg	11 billentő tok
2 felső prizmatok	6 zárókengyel	9 csap	12 fogantyu
3 két prizma	7 zárófogantyu	10 kampó	13 védőgyürü
4 felső prizmakeret			14 alátét lemez

Periscope of the Turán tank. [Maintenance Manual]

Peryskop czołgu Turán. [Instrukcja Techniczna]

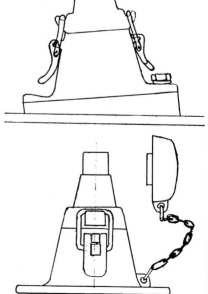

Headlight of the Turán tank. [Maintenance Manual]

Reflektor czołgu Turán. [Instrukcja Techniczna]

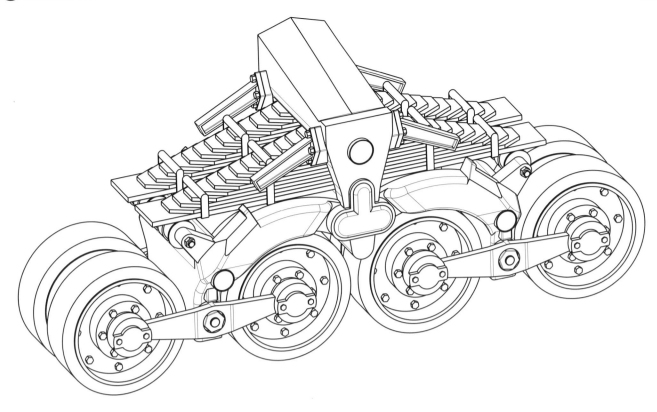

Road wheelsystem of the Turán tanks. [Maintenance Manual]
Koła nośne czołgu Turán. [Instrukcja Techniczna]

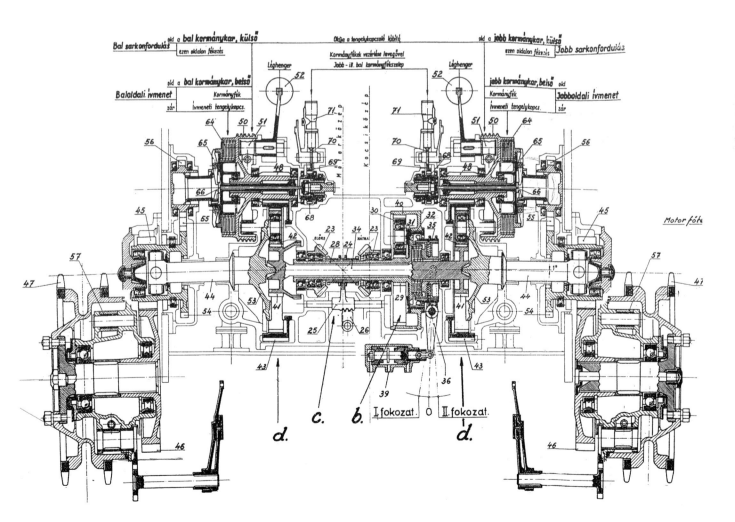

Transmission system of the Turán tanks. [Maintenance Manual]
Przekładnia czołgu Turán. [Instrukcja Techniczna]

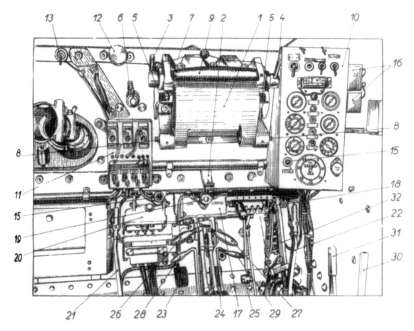

Drivers compartment with dashboard and closed visor flap. [Maintenance Manual]

Stanowisko kierowcy z deską rozdzielczą i zamkniętą szczeliną obserwacyjną. [Instrukcja Techniczna]

Drivers compartment with control panels. [Maintenance Manual]

Tablica przyrządów kierowcy czołgu. [Instrukcja Techniczna]

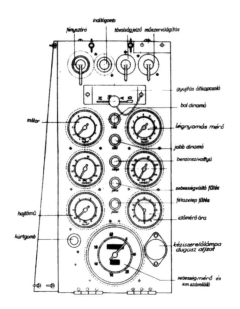

Drivers' dashboard panel. [Maintenance Manual]

Przednia tablica przyrządów kierowcy czołgu. [Instrukcja Techniczna]

Advancing 40M Turán medium tank of the 3/II Tank Battalion in Galicia, 17 April 1944, passing a Mercedes G5 staff car and a 39M Csaba armoured car. [ECPA]

Natarcie czołgów 40M Turán należących do 3/II Batalionu Czołgów w trakcie walk w Galicji 17 kwietnia 1944 roku. Czołgi mijają się z samochodem sztabowym Mercedes G5 i pojazdem opancerzonym 39M Csaba. [ECPA]

The advancing 40M Turán tanks were supported by German Marder tank hunter vehicles too on 17 April 1944. [ECPA]

W trakcie walki czołgi 40M Turán wspierane były przez niemieckie niszczyciele czołgów Marder. 17 kwietnia 1944 roku. [ECPA]

Command element of the Skoda and Mercedes G5 staff cars, dispatch riders on Puch G350 motorbikes escorted by 40M Turán tank with following the tank companies. [ECPA]

Pojazdy sztabowe Skoda i Mercedes G5, a także kurierzy na motocyklach Puch G350 wspierali działanie czołgów 40M Turán. [ECPA]

DEPLOYMENT OF THE 2ND ARMOURED DIVISION TO GALICIA

The artillery and armoured units were transported by rail from 1 April 1944. The majority of the supply column and the 1st Motorised Medium Artillery Battalion arrived to the front only during the operation in April, while the 3/III Tank Battalion only arrived in July, as there were not enough armoured vehicles for them.

The division, commanded by staff Colonel Ferenc Osztovics, reached the assembly area at Stryj, from 5 to 11 of April, 1944.

The division began to reassemble into the Lachovce valley on 14 April, and was subordinated to Lieutenant General Lieb, commander of the German XI Corps.

On that day, the 1st Hungarian Army Command issued its order to XI German Army Corps, according to which the goal is to reach Nadworna-Stanislau and then Kolomea-Lukwa. The 2nd Armoured Division was intended as the main force of the offensive.

The German XI Corps ordered the 2nd Hungarian Armoured Division to deploy into the standby positions from 15 April to 16 April 1944.

16 APRIL

One day before the planned attack, it was found that in the main direction of the advancing troops only held by weaker Soviet troops of the 11th Soviet Rifle Corps. The Hungarian reconnaissance units also reported that some enemy tanks were detected on the main road between Nadworna to Bohorodczany.

17 APRIL

By early dawn of 17 April the Hungarian troops have occupied their starting positions. The Sándor Group, under the command of Colonel István Sándor (commander of the

RUCH 2. DYWIZJI PANCERNEJ DO MAŁOPOLSKI WSCHODNIEJ

Artyleria i jednostki pancerne były transportowane koleją, a pierwsze pociągi wyruszyły 1 kwietnia 1944 roku. Większość kolumny zaopatrzeniowej oraz 1. Zmotoryzowany Batalion Artylerii Średniej dotarły na front już podczas działań bojowych w późniejszych dniach kwietnia, zaś 3/III batalion czołgów, jak już wspominaliśmy, nadszedł dopiero w lipcu.

Dywizja dowodzona przez pułkownika sztabowego Ferenca Osztovicsa dotarła do miejsca koncentracji w Stryju w dniach 5–11 kwietnia 1944 roku.

Dywizja zaczęła przemieszczać się ku dolinie niedaleko wsi Lachowce 14 kwietnia gdzie została podporządkowana generałowi porucznikowi Liebowi, dowódcy niemieckiego XI KA.

Tego dnia dowództwo 1. Armii Węgierskiej wydało rozkaz XI KA, nakazujący osiągnięcie linii Nadwórna-Stanisławów, a następnie Kołomyja-Łukwa. 2. Dywizja Pancerna miała być główną siłą uderzeniową natarcia.

Niemiecki XI KA nakazał 2. Dywizji Pancernej zajęcie podstawy wyjściowej między 15 a 16 kwietnia 1944 roku.

16 KWIETNIA

Na dzień przed planowanym atakiem stwierdzono, że na głównym kierunku uderzenia znajdują się jedynie słabe siły 11. Korpusu Strzeleckiego Armii Czerwonej. Węgierskie oddziały rozpoznawcze informowały również o czołgach przeciwnika, wykrytych na głównej drodze między Nadwórną a Bohorodczanami.

17 KWIETNIA

Do wczesnego porannych wojska węgierskie zajęły pozycje wyjściowe. Grupa Sándor, pod dowództwem pułkownika Istvána Sándora (dowódcy 2. Pułku Strzelców Zmotoryzowanych), skła-

Commander of a 40M Turán medium tank informed by the Hungarian sappers clearing the Soviet mines on the road, ahead of the Turán a German Pz. VI H tank. [ECPA]

Dowódca czołgu 40M Turán w rozmowie z węgierskimi saperami oczyszczającymi drogę z sowieckich min. Przed Turánem widoczny jest niemiecki czołg Pz. VI H. [ECPA]

2nd Motorized Rifle Regiment), has the 3/II Tank Battalion 4th Motorized Rifle Battalion, 2nd Motorized Artillery Battalion plus one battery from the 6th Motorized Artillery Battalion, 2nd Reconnaissance Battalion and the 3rd Motorized Sapper Company arrived in Solotwina. The German 561st Self-propelled Tank-Hunter Battalion also deployed with the strength of one and half company in the area of Solotwina. Seven German Pz.IV tanks of the North-Ukraine Armoured Training Group were also subordinated to the Sándor Group.

The Bercsényi Group, led by Colonel László Bercsényi (commander of the 3rd Tank Regiment), has the 3/I Tank Battalion, 6th Motorized Rifle Battalion, two batteries of the 6th Motorized Artillery Battalion and three self-propelled anti-tank guns of the German 561st Tank-Hunter Battalion occupied positions in the area west of Lachow.

Although the time of the attack was set at 14.00 hours, the units of the 2nd Armoured Division had been in contact with the Soviet forces since 12.00 hours. The units of the Bercsényi Group, while advancing to the jumping position, encountered Soviet T-34 tanks in the area of Starunia.

The Bercsényi Group pressed forward on woody and hilly terrain, and the weaknesses of the Hungarian battle tanks had already come to light on this day. A T-34 Soviet tank was able to stop the entire attack group for two hours and three Turáns had been knocked until it was destroyed.

A medium Turán company was ordered to destroy the T-34 tanks, the

dała się z 3/II batalionu czołgów, 4. Pułku Strzelców Zmotoryzowanych, 2. Zmotoryzowanego Batalionu Artylerii wraz z jedną baterią z 6. Batalionu, 2. Batalionu Rozpoznawczego i 3. zmotoryzowanej kompanii saperów znalazły się w Sołotwinach. Grupie podporządkowany był także Niemiecki 561. Samobieżny Batalion Niszczycieli Czołgów w sile półtorej kompanii. Grupa dysponowała także siedmioma niemieckimi czołgami Pz.Kpfw. IV ze Szkolnego Dywizjonu Pancernego „Północna Ukraina".

Grupa Bercsényi, dowodzona przez pułkownika László Bercsényi (dowódca 3. Pułku Czołgów), posiadała 3/I batalion czołgów, 6. batalion strzelców zmotoryzowanych, dwie baterie 6. Zmotoryzowanego Batalionu Artylerii i trzy samobieżne niszczyciele czołgów z niemieckiego 561. Batalionu i zajmował stanowiska w rejonie na zachód od Lachowa.

Chociaż godzinę rozpoczęcia ataku ustalono na 14.00, pododdziały 2. Dywizji Pancernej były w kontakcie bojowym z siłami sowieckimi od godziny 12.00. Jednostki Grupy Bercsényi, zbliżając się do pozycji wyjściowej, napotkały czołgi T-34 w rejonie Starunii.

Grupa Bercsényi ruszyła naprzód na zalesionym i pagórkowatym terenie, a wszystkie słabości węgierskich czołgów

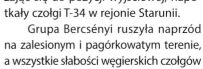

2nd Lieutenant Zsolt Mérey was the first Hungarian armoured officer killed in action while fighting on a 40M Turán tank at Nadworna. [Bonhardt Attila]

Ppor. Zsolt Mérey był pierwszym oficerem węgierskich wojsk pancernym, który poległ w boju walcząc w czołgu 40M Turán. Mérey zginął w trakcie walk w okolicach Nadwornej. [Bonhardt Attila]

medium Turáns opened up on the Soviet T-34 first time. 2nd Lieutenant Mérey's Turán tank engaged with the Soviet tank, receiving several direct hits and blowing up. 2nd Lieutenant Mérey and three members of the crew perished, the driver escaped. Posthumously Mérey was decorated with the Hungarian Knight Cross with swords.

Later they clashed with two T-34 tanks, one of which was knocked out by the Hungarians. In these clashes, Captain Tarczay's heavy tank company was involved. Lieutenant György Kemény stalked the hiding Soviet T-34 with his 41M heavy Turán tanks. One of his Turán was also hit, the driver killed in action, but Lieutenant Kemény was able to destroy in close range the Soviet tank.

The offensive of the Hungarian 1st Army developed on full scale on 17 April, at 14.00 hours. The German 1st Armoured Army attacked north of the Hungarian army. Against the German and Hungarian troops; the 11th Tank Corps and the 8th Guard Motorized Rifle Corps of the Soviet 1st Tank Army and the 38th Soviet Army with its 11th and 101st Rifle Corps and the 18th Guard Rifle Corps were in defence. The Soviet forces were seriously weakened due to the previous military operations, the Soviet 1st Tank Army, which had only about 50 tanks and its battalion had approximately 100-100 men.

The attack of the Hungarian 1st Army on 17 April went according to the plans, relatively smoothly, while the attacking units knocked out seven Soviet tanks.

However, the first contacts highlighted the disadvantages of the Turán tanks against the T-34. The T-34 could fire a deadly shot from 1500-2000 meters, while the heavy Turán

ujawniły się już tego dnia. Pojedynczy czołg T-34 był w stanie zatrzymać całą grupę na dwie godziny, a trzy Turany zostały unieruchomione, zanim sowiecki czołg sam nie został zniszczony.

Kompania czołgów średnich Turán otrzymała rozkaz zniszczenia sowieckiego czołgu, a był to dla niej pierwszy kontakt z T-34. Czołg Turán podporucznika Méreya otrzymał kilka bezpośrednich trafień i eksplodował. Podporucznik Mérey i trzech członków załogi zginęło, kierowca uciekł. Pośmiertnie Mérey został odznaczony węgierskim Krzyżem Rycerskim z Mieczami.

Niedługo potem nastąpiło starcie z dwoma czołgami T-34, z których jeden został wyeliminowany przez Madziarów. W tej walce udział brała kompania czołgów ciężkich kapitana Tarczaya. Porucznik György Kemény ruszył na ukryty T-34 ze swoim plutonem 41M Turán. Jeden z jego Turanów również został trafiony, kierowca zginął na miejscu, ale porucznik Kemény zniszczył T-34 z najbliższej odległości.

Natarcie 1. Armii Węgierskiej rozpoczęło się na pełną skalę 17 kwietnia o godzinie 14.00. Niemiecka 1. Armia Pancerna atakowała na północ od armii węgierskiej. Przeciwko wojskom niemieckim i węgierskim stanęły 11. Korpus Pancerny i 8. Korpus Strzelców Zmotoryzowanych Gwardii z 1. Armii Pancernej oraz 38 Armia z 11. i 101. Korpusem Strzeleckim oraz 18. Korpusem Strzeleckim. Siły sowieckie były poważnie osłabione w wyniku wcześniejszych działań 1. Armii Pancernej, która miała tylko około 50 czołgów, a jej bataliony liczyły po około 100-100 ludzi.

Atak 1. Armii Węgierskiej 17 kwietnia przebiegał zgodnie z planem i stosunkowo płynnie, nacierające pododdziały zniszczyły siedem sowieckich czołgów.

The knocked out tank of Lieutenant Mérey's, the 40M Turán received several direct hit and blown up. [Bonhardt Attila]
Wrak czołgu 40 M, w którym zginął ppor. Mérey. Pojazd otrzymał kilka bezpośrednich trafień i eksplodował. [Bonhardt Attila]

41M heavy Turán tank crossing the River Bystrica on an emergency bridge, wearing some sort of winter camouflage. [ECPA]

Czołg 41M Turán w trakcie przeprawy przez rzekę Bystrica. Pojazd nosi improwizowany kamuflaż zimowy. [ECPA]

needed 600 meters and the medium Turán 400 meters to destroy a T-34 in battle. The insufficient armoured protection was also painfully tested by the crew. The armour plates of the Turáns were not thick enough. Due to improper production the armour plate was fragile, in case of impact broken into pieces. It also contains phosphor which burned easily in case of impact.

18 APRIL

The Bercsényi Group had to secure the northern direction and occupy the Grabowiecz Bridge. The Sándor group launched its attack on the bridge west of Nadworna at dawn, where it faced a very strong hostile resistance. The attack of the Bercsényi Group in the Grabowiecz area only made it very slowly due to the unfavourable terrain. Nevertheless, by the end of the day, the Bercsényi Group managed to cross the river Cykalown and Fitkown and to occupy the road crossing at 1 km north of Przeros.

The Sándor group launched its new attack at dawn, but the bridge to the west of the city was destroyed. The Hungarian sappers repaired the bridge under the enemy fire, and the troops of the 2nd Reconnaissance Battalion broke into Nadworna around 10.00 hours. They were supported by artillery fire. Then, in strenuous street fighting, the stubbornly resisting Soviet rear guards were eliminated at 19.00 hours.

ADVANCING TOWARDS KOLOMEA, 19/23 APRIL 1944

The HQ of the 2nd Armoured Division moved to Nadworna at 08.00 hours, in the morning to command and control the attacking troops more closely. On 19 April, the following tasks were expected from the division: capture Iwanowce, and then trough Dobratow had to attack the Soviet forces fighting Delaty and contacting the 1st Mountain Brigade.

Jednak już pierwsza styczność bojowa uwypukliła niższość czołgów Turán w stosunku do T-34. T-34 mógł razić skutecznie z odległości 1500-2000 metrów, podczas gdy ciężki Turán potrzebował 600 metrów, a średni Turán nawet 400 metrów, aby zniszczyć T-34. Niedostateczna osłona pancerza boleśnie doświadczyła załogi. Płyty pancerza Turanów nie były wystarczająco grube. Z powodu niewłaściwej technologii produkcji płyta była krucha, a w przypadku uderzenia rozpadała się na kawałki. Zawierała także fosfor, który łatwo ulegał zapłonowi w przypadku trafienia.

18 KWIETNIA

Grupa Bercsényi miała zabezpieczyć kierunek północny i zająć most w Grabowcu. Grupa Sándor zaś rozpoczęła atak na most położony na zachód od Nadwórnej o świcie, gdzie napotkała bardzo silny opór. Atak Grupy Bercsényi w rejonie Grabowca przebiegał bardzo powoli z powodu niesprzyjającego terenu. Niemniej jednak do końca dnia Grupie Bercsényi udało się przekroczyć rzekę .

Grupa Sándor wznowiła swoje natarcie także o świcie, ale most, który był jej celem został zniszczony. Węgierscy saperzy naprawili go pod ogniem przeciwnika, a pododdziały 2. Batalionu Rozpoznawczego wtargnęły do Nadwórnej około godziny 10.00. Wspierał je ogień artylerii. Następnie, podczas ciężkich walk ulicznych, opór uparcie broniącej się straży tylne czerwonoarmistów został zdławiony o godzinie 19.00.

NATARCIE W KIERUNKU KOŁOMYI, 19–23 KWIETNIA 1944 ROKU

Sztab 2. Dywizji Pancernej przeniósł się do Nadwórnej o godzinie 8.00 rano, aby być jak najbliżej czołowych oddziałów. Na dzień 19 kwietnia oczekiwano od dywizji wykonywania następujących zadań: zdobycie wsi Iwanowce, a następnie - przez Dobratów - zaatakowanie wojsk sowieckich pod Delatynemi i nawiązanie łączności z 1. Brygadą Górską.

The rainy weather turned the roads into mud pits, 40M Turán belonged to the 3/II Tank Battalion. [Tarr Péter]

Ulewne deszcze zamieniły drogi w błotniste pułapki. Na zdjęciu czołg 40M Turán z 3/II Batalionu Czołgów. [Tarr Péter]

The Bercsényi Group crossed the river on the bridge restored by the Hungarian sappers north of Nadworna and captured Tarnowicza Lesna, where they had to defeat some weak Soviet infantry units.

The forces of the 1st Hungarian Army reached the Oslawy-Biale-Lanczyn-Majdan Sredny-Winograd-Krzywotuly-Tarnowicz Polna line on 19 April. After three days of heavy fighting, the division had only the following serviceable armoured vehicles: 17 x 41M Turán and 31 x 40M Turán and a few Toldi tanks as of 19 April, 1944.

20 APRIL

The division continued the offensive. On that day, the resistance of the Soviet forces became noticeably stronger. In addition, on this day the flood of river Pruth began.

Grupa Bercsényi przekroczyła rzekę po moście odbudowanym przez węgierskich saperów na północ od Nadwórnej i zdobyła Tarnowicę Leśną, skąd odrzucono słabe pododdziały piechoty sowieckiej.

Siły 1. Armii Węgierskiej dotarły 19 kwietnia do rejonu Osławy-Białe-Lanczyn-Majdan Średni-Winograd-Krzywotuły-Tarnowica Polna. Po trzech dniach ciężkich walk dywizja dysponowała już tylko następującą liczbą nadających się do użytku wozów bojowych: 17 x 41M Turán i 31 x 40M Turán oraz kilkoma czołgami Toldi.

20 KWIETNIA

Dywizja kontynuowała natarcie. Tego dnia opór Armii Czerwonej stał się odczuwalnie silniejszy. Ponadto w tym dniu wylał Prut.

Abandoned 40M Turáns left behind in Galicia, winter of 1944. The weapons removed by the Soviet troops for evaluation. [Szollár János]

Czołgi 40M Turán porzucone w Galicji zimą 1944 roku. Uzbrojenie zostało zdemontowane przez wojska radzieckie celem poddania testom. [Szollár János]

Embarkation of the Heavy Company of 1st Cavalry Tank Battalion at Zenta summer of 1944. [Almási Balázs]

Kompania czołgów ciężkich 1 Batalionu Kawalerii Pancernej w Zenta w lecie 1944 roku. [Almási Balázs]

The attack of the Hungarian 1st Army and the German 1st Panzer Armee progressed swiftly, so that the 1st Ukrainian Front commander, Marshal Zhukov, had reassigned more units to face the advancing Hungarian and the German forces.

21 APRIL

Although the commander of the German XI Corps set the date of the further attack on 21 April, early in the morning. However, the bridges in the Prut Valley and the terrain on the northern wing of the Corps - due to heavy rains and dense grassy forests, no existing roads due to continuous rains – delayed the attack. The goal was to reach the Tlumaczyk-Slobodka Lesna line. The Poroszlay Group returned to the Sándor Group, which could have given some of its units to the Bercsényi Group.

The Bercsényi Group pushed further eastward. The Bercsényi Group advanced through Majdan Sredny and Glinka. The vanguard of the group successfully defeated the opposing Soviet troops through Swiety Jozef North and approached Slobodka Lesna until noon.

The 3rd Medium Company of the 3/I Tank Battalion with 40M Turán medium tanks clashed with T-34 tanks. Most of the group stuck into the mud during the day.

Atak 1. Armii Węgierskiej i niemieckiej 1. Armii Pancernej postępował szybko, tak więc dowódca 1. Frontu Ukraińskiego, marszałek Żukow, skierował więcej jednostek, by stawiły czoła nadchodzącym siłom węgierskim i niemieckim.

21 KWIETNIA

Dowódca niemieckiego XI KA wyznaczył datę kolejnego uderzenia na wczesne godziny ranne 21 kwietnia. Jednak mosty w dolinie Prutu i teren na północnym skrzydle Korpusu - z powodu ulewnych deszczy i gęstych lasów oraz braku przejezdnej w tych warunkach drożni - opóźniły atak. Celem było osiągnięcie linii Tlumaczyk-Słobódka Leśna. Grupa Poroszlay powróciła do składu Grupy Sándor, która mogła oddać część swoich jednostek Grupie Bercsényi.

Grupa Bercsényi ruszyła dalej na wschód, nacierając przez Majdan Średni i Glinkę. Straż przednia grupy wyrzuciła czerwonoarmistów ze wsi Święty Józef i zbliżyła się do Słobódki Leśnej w okolicach południa.

3. kompania czołgów średnich z 3/I batalionu z wozami 40M Turán starła się ze czołgami T-34. Większość grupy utknęła tego dnia w błocie.

40M Turán medium tank and Ford truck on flat cars belonged to the 1st Cavalry Tank Battalion on the way towards the front, summer of 1944. [Almási Balázs]

Czołgi 40M Turán i ciężarówki Ford należące do 1. Batalionu Kawalerii Pancernej załadowane na wagony w drodze na front. Lato 1944 roku. [Almási Balázs]

22 APRIL

The Bercsényi Group was forced into defensive. As the 16th Infantry Division was still unable to join the Northern flank of the Group; the unit was forced to stop and prepare for covering its open flank.

23 APRIL

It became clear that the Soviet troops would protect Kolomea at all costs. The enemy defended Kolomea on the line of Tlumaczyk-East, Rakowczyk-Slobodka Lesna.

The attack of the Bercsényi Group started at 13.00 hrs. The covering force of Captain Mátyássy 40M Turán medium company captured the Prut Bridge south of Pohary, closing the Slobodka Lesna road both side, the north and the south. The group then tried to take over the Slobodka Lesna intersection. To the late hours of the evening, the fortified factory building was taken, but the attack was exhausted.

SOVIET COUNTER-ATTACK AT KOLOMEA 24 APRIL

On 24 April, according to the orders, the task was to continue the assault and to prepare the change between the 24th Infantry and 2nd Armoured Divisions. However, the incidents that followed had rendered these instructions obsolete as the Soviet counter-attack started. The Sándor Group was in a serious position after the night street fighting.

The events at the Bercsényi Group were much more critical. Though the tanks of the Mátyássy Company reached the bridge south of Pohary, but due to the lack of the infantry support could not clear the rear area. Soviet armoured forces remained on their backs, which made resupply impossible. The supply was transported by 40M Turán tanks which were knocked out by Soviet tanks. The company was forced to retreat, during which the Hungarian Turáns mixed with Soviet tanks. When they came out of the forest, immediately opened fire and caused enormous panic.

Colonel Bercsényi saved the situation with the help of a 37M 105mm light howitzer battery which was in position on

22 KWIETNIA

Grupa Bercsényi została zepchnięta do obrony. Ponieważ 16. Dywizja Piechoty nadal nie była w stanie dołączyć do północnego skrzydła grupy, została zmuszona do zatrzymania się i osłonięcia się od strony otwartej flanki.

23 KWIETNIA

Stawało się jasne, że wojska sowieckie za wszelką cenę będą bronić Kołomyi. Ich linie obronne przebiegały przez linii Tłumaczyk-Rakowczyk-Słobódka Leśna.

Atak Grupy Bercsényi rozpoczął się o godzinie 13.00. Siły osłonowe kompanii czołgów średnich kapitana Mátyássy'ego uchwyciły most na Prucie na południe od Pohary, zamykając drogę do Słobódki Leśnej z obu stron, od północy i południa. Grupa następnie próbowała opanować skrzyżowanie w Słobódce Leśnej. Do późnych godzin wieczornych zdobyto ufortyfikowany budynek fabryki, ale natarcie straciło impet.

RADZIECKI KONTRATAK W REJONIE KOŁOMYI 24 KWIETNIA

24 kwietnia, zgodnie z rozkazami, należało kontynuować natarcie, szykując się jednocześnie do luzowania 2. Dywizji Pancernej przez 24. Dywizję Piechoty. Jednak wydarzenia, które nastąpiły później, spowodowały, że rozkazy te stały się nieaktualne, bowiem rozpoczął się kontratak sowiecki. Grupa Sándor po nocnych walkach ulicznych znajdowała się w ciężkim położeniu.

Jednak sytuacja w Grupie Bercsényi była znacznie bardziej krytyczna. Choć czołgi kompanii Mátyássy'ego dotarły do mostu na południe od Pohary, ale z powodu braku wsparcia piechoty nie mogły oczyścić swojego bezpośredniego zaplecza. Operowały tam sowieckie wozy bojowe, co uniemożliwiło dowóz zaopatrzenia. Było ono do pewnego momentu dostarczane przez czołgi 40M Turán, które jednak były jeden po drugim niszczone. Kompania została zmuszona do wycofania się, podczas którego węgierskie Turany pomieszały się z czołgami przeciwnika. Po opuszczeniu lasu, Sowieci natychmiast otworzyli ogień, wywołując wśród Węgrów ogromną panikę.

Camouflaged 41M heavy Turán tank of the 1st Cavalry Tank Battalion, the officers wearing the new, German style armoured uniform.

Czołgi 41M Turán z 1. Batalionu Kawalerii Pancernej w kamuflażu polowym. Uwagę zwracają oficerowie jednostki ubrani w niemieckie umundurowanie nowego typu.

When Romania left the Axis, the Romanian-Hungarian border was patrolled by makeshift armoured train of a 40M Turán tank on flatcar. [Szollár János]

Po opuszczeniu przez Rumunię koalicji państw Osi, granicę węgiersko-rumuńską patrolował improwizowany „pociąg pancerny" w postaci czołgu 40M Turán na platformie kolejowej. [Szollár János]

the edge of the woods. The light howitzers ambushed the advancing 11 Soviet M4 Sherman tanks. After the well organised fire strike the surviving Shermans turned back.

According to 1st Lieutenant Csernavölgyi, who witnessed the action: *"The two intact Sherman turned and disappeared into the woods. (...) As it turned out, not twenty, but only eleven tanks attacked. The last one was hunted down by the heavy Turáns that were somewhere ahead of us. Unfortunately, two Hungarian tanks have also been destroyed."*

The company commander of the 6th Company, of the 3/II Tank Battalion, Captain Imre Péter wounded in action on this day too.

25 APRIL

On the night of 25 April, the Sándor Group was replaced by the 21st and 24th Infantry Regiments of the 24th Infantry Division. At this point, a coordinated attack was in preparation against Kolomea.

The Bercsényi Group was still retreating, having lost more tanks in the swamp terrain because they had to leave them for lack of suitable recovery vehicles and maintenance personnel.

ATTACKS AGAINST SLOBODKA LESNA, 26 APRIL–03 MAY

On April 26, the planned attack on Kolomea began. The Bercsényi Group went alongside of the Swety Jozef-Slobodka Lesna highway, but the attack bogged down in the Swety Stanislau area just after a mile in advance, due to the increasing resistance and the mined road. Col Bercsényi, to protect its flanks deployed the 4th Motorized Rifle Battalion on the north flank, and the 5th Motorized Rifle Battalion on south flank, through the forests on both sides of the highway, where they were unable to gain further positions.

Pułkownik Bercsényi uratował sytuację za pomocą baterii lekkich haubic 105 mm 37M, która znajdowała się na skraju lasu. Lekkie haubice ostrzelały z zasadzki zbliżające się 11 sowieckich czołgów M4 Sherman. W wyniku skutecznego ognia Madziarów tylko części Shermanów udało się zawrócić..

Według porucznika Csernavölgyi, który był świadkiem tego wydarzenia: *Dwa nienaruszone Shermany zawróciły i zniknęły w lesie. (...) Jak się okazało, zaatakowało nas nie dwadzieścia, ale tylko jedenaście czołgów. Ostatni ścigany był przez ciężkie Turany, które znajdowały się gdzieś przed nami. Niestety, zniszczono także dwa węgierskie czołgi.*

Dowódca 6. kompanii 3/II batalionu pancernego 3 / II, kapitan Imre Péter, również odniósł rany podczas walk toczonych tego dnia.

25 KWIETNIA

W nocy 25 kwietnia Grupa Sándor została zluzowana przez 21. i 24. Pułki Piechoty z 24. Dywizji Piechoty. Jednocześnie przygotowywane było skoordynowane uderzenie na Kołomyję.

Grupa Bercsényi wciąż się wycofywała, tracąc więcej czołgów w błotnistym terenie – z braku odpowiednich pojazdów ewakuacyjnych i personelu technicznego trzeba było je porzucić.

ATAKI NA SŁOBODKĘ LEŚNĄ, 26 KWIETNIA–3 MAJA

26 kwietnia rozpoczęło się zaplanowane natarcie na Kołomyję. Grupa Bercsényi poruszała się drogą Święty Józef-Słobódka Leśna, ale atak utknął już w okolicy wsi Święty Stanisław po przebyciu niespełna dwóch kilometrów z powodu narastającego oporu i zaminowanej drogi.

Pułkownik Bercsényi, aby chronić swoje skrzydła, skierował 4. batalion strzelców zmotoryzowanych na północ, a 5.

The 40M Turán medium tank on the flatcar provided fire support to the border guard troops. [Szollár János]

Czołg 40M Turán umieszczony na platformie kolejowej stanowił wsparcie ogniowe dla wojsk obrony pogranicza. [Szollár János]

On 12 May, commander of the 24th Infantry Division took control of the sector of the 2nd Armoured Division. The 2nd Armoured Division left the XI. German Army Corps on 13 May and moved to Solotwina, Nadworna, Cucylow, where become the Army reserve. With this division's first combat mission ended.

The 2nd Armoured Division suffered the following causalities: 24 tanks were knocked out (9 heavy and 8 medium Turán, 4 Nimród and 2 Csaba), and a further 88 tanks suffered from mechanical failures. Of these, only 6 were non repairable and 7 were captured by the Russians. Altogether 35 armoured vehicles were totally lost and 75 were sent back to repair shops. During the same time, the tanks of the division and the subordinated German armoured units knocked out

batalion strzelców zmotoryzowanych na flankę południową, jednak w gęstych lasach po obydwu stronach drogi strzelcy nie byli w stanie poczynić znaczących postępów.

12 maja dowódca 24. Dywizji Piechoty przejął kontrolę nad sektorem 2. Dywizji Pancernej. 2. Dywizja Pancerna opuściła skład niemieckiego XI. KA 13 maja przesuwając się do Sołotwiny, Nadwórnej oraz Cucyłowa, gdzie pozostawał jako odwód armijny. Pierwsza bój dywizji zakończył się.

2. Dywizja Pancerna poniosła następujące straty: 24 zniszczonych wozów bojowych (9 ciężkich i 8 średnich czołgów Turán, 4 Nimród i 2 Csaba), a kolejnych 88 pojazdów uległo awariom mechanicznym. Spośród nich tylko sześciu nie udało się przywrócić do sprawności, a siedem zostało zdobytych przez Armię Czerwoną. W sumie 35 wozów bojowych

40M Turán medium tank with 5 men crew in the tank, manoeuvring into the staging area before the attack in September 1944. [Szollár János]

Czołg 40M Turán z pięcioosobową załogą manewruje w miejscu dyslokacji przed ruszeniem do ataku we wrześniu 1944 roku. [Szollár János]

Officer candidate posing with hand grenade tucked in his belt, in front of his 40M Turán tank in September 1944. [Babucs Zoltán]

Węgierski czołgista pozuje z granatem zatkniętym za pasem przed czołgiem 40M Turán we wrześniu 1944 roku. [Babucs Zoltán]

48 Russian armoured vehicles. The 3rd Tank Regiment alone destroyed 27 enemy tanks.

The Division was withdrawn from the front line and became the reserve of the 1st Army on May 12. General Walter Model, commander of Army Group North-Ukraine, honoured the fighting skills of the Hungarian armoured forces. In May the division was partially re-equipped with German armour to compensate for its losses.

The 3/I Battalion were equipped with German equipment, while the Hungarian Turán tanks were with the 3/II Battalion.

In July the Red Army launched an offensive against the Hungarian lines. The 2nd Armoured Division was put on alert and deployed at Stanislau on 23 July. The Russian forces broke through at Ottyna, where the 3/I Tank Battalion equipped with German armoured vehicles, could not stop them.

Company commander of the 3/II Tank Battalion's 12th Company, Captain Ferenc Arnoti led his company against Milowanie, broke the enemy resistance after the occupation of the village, he left his 40M Turán tank to organise the protection of Milowanie when he was killed by enemy sub-machine gun burst on 25 July 1944. Posthumously he was decorated with the Hungarian Knight Cross with swords.

The 3/III Battalion, having been equipped with armoured vehicles at home, arrived at the front in July. The battalion joined the battle and suffered its first casualties on July 22. The 3/III Battalion came under heavy fire at Milanowie on 24 July.

Major Zoltán Parázsó commanding the 3/III Tank Battalion killed in action by an artillery splinter 26 July 1944 at Starunia, during the defensive battle against the Soviet

zostało całkowicie utraconych, a 75 odesłano z powrotem na tyły do warsztatów. W tym samym czasie czołgi dywizji i podległe im niemieckie jednostki pancerne zniszczyły 48 sowieckich pojazdów pancernych. Sam 3. Pułk Pancerny zniszczył 27 czołgów przeciwnika.

Dywizja została wycofana z frontu i stała się odwodem 1. Armii dnia 12 maja, jak wyżej wspomnieliśmy. Generał Walter Model, dowódca Grupy Armii Północna Ukraina, pozytywnie skomentował umiejętności bojowe węgierskich pancerniaków. W maju dywizja została częściowo ponownie wyposażona w niemiecki wozy bojowe, aby zrekompensować poniesione straty.

Batalion 3/I był wyposażony w niemiecki sprzęt, a węgierskie czołgi Turán posiadał 3/II batalion.

W lipcu Armia Czerwona rozpoczęła ofensywę na odcinku utrzymywanym przez Madziarów. 2 Dywizja Pancerna została 23 lipca w trybie alarmowym skierowana do Stanisławowa. Siły sowieckie przedarły się przez stanowiska 3/I batalionu wyposażonego w czołgi niemieckie.

Dowódca kompanii 12. kompanii 3/II batalionu czołgów kapitan Ferenc Arnoti poprowadził swoją kompanię do wsi Milowanie, przełamał opór przeciwnika, a sam opuścił swój czołg 40M Turán, aby zorganizować obronę. W tym momencie poległ przeszyty serią pisoletu maszynowego. Miało to miejsce 25 lipca 1944 roku. Pośmiertnie został odznaczony węgierskim Krzyżem Rycerskim z Mieczami.

Batalion 3/III, wyposażony w pojazdy pancerne produkcji węgierskiej, przybył na front dopiero w lipcu. Batalion natychmiast wszedł do walki i 22 lipca poniósł pierwsze straty. Batalion znalazł się pod ciężkim ostrzałem 24 lipca w znanej nam już wsi Milowanie.

40M Turán medium tank of the 1/II Tank Battalion at the barrack of Jászberény, before deployment to the border in September 1944. [Babucs Zoltán]

Czołg 40M Turán należący do 1/II Batalionu Czołgów w koszarach w Jászberény przed wyjazdem w rejon pogranicza we wrześniu 1944 roku. [Babucs Zoltán]

Forces. The battalion was taken over by the deputy battalion commander Major Oszkár Spiller but during a counter-attack at Dzwiniacz on the same day, the new battalion commander, Major Oszkár Spiller, was wounded too. 1st Lieutenant Tibor Láng, the commander's adjutant, took over command and maintained the speed and direction of the advance, leaving his 40M Turán and riding a BMW motorcycle under enemy fire in order to keep in touch with his subordinates. 1st Lieutenant Láng went missing in action, and for his military valour he was awarded the Hungarian Knight's Cross with Swords.

The 2nd Armoured Division was withdrawn and regroup, after the delayed action of 24/29 July, around Huszt. According to the report of the Division's combat strenght, dated 9 August, it had 14 x 38M Toldi light tanks, 40 x 40M Turán medium tanks, 14 x 41M Turán heavy tanks, 1-1 Pz.IIIM light tank and StuG III G assault gun, 9 x Pz.IVH medium tanks and three unserviceable Pz.VIE Tiger heavy tanks. The Tigers were handed back to the Germans.

THE 1ST CAVALRY DIVISION IN RUSSIA

The 1st Cavalry Division was the pride of the Hungarian Army and the favourite of Regent Horthy. The division was reorganised and reinforced by armour and mechanised artillery units, and after the German occupation of Hungary, this unit was also slated for deployment on the front. The division was mobilised on 29 April 1944.

The Hungarian General Staff wanted to deploy it as a subordinate unit of the 1st Hungarian Army, however the Germans had another plan and the hussars were sent far from other Hungarian units, to the Pripet Marshes. There they initially constituted the reserve of Lieutenant-General Walter Weiss' forces, the German 2nd Army, but within a short time they were thrown into the fray.

The division included the 1st Cavalry Tank Battalion with one heavy and three medium companies plus the staff company, altogether 25 x 38M Toldis, 54 x medium 40M Turáns and 11 x heavy 41M Turán tanks. Other sources put the totals at 56 medium, 11 heavy Turáns and 5 light Toldi tanks, plus three 38(t) tanks for training. The Skoda 38(t) tanks did not deploy to the front.

Major Zoltán Parázsó dowodzący 3/III batalionem czołgów poległ w walce rażony odłamkiem pocisku artyleryjskie dwa dni później. W Staruni, podczas wals z czerwonoarmistami, batalion objął zastępca dowódcy major Oszkár Spiller, ale podczas kontrataku pod Dzwiniaczem zsotał ranny jeszcze tego samego dnia. Porucznik Tibor Láng, adiutant dowódcy, przejął dowodzenie i utrzymywał prędkość i kierunek natarcia, opuściwszy swój czołg 40M Turán i jadąc motocyklem BMW pod ostrzałem wroga, aby pozostawać w kontakcie z podwładnymi. Porucznik Láng został uznany za zaginionego, a za odwagę został odznaczony Krzyżem Rycerskim z Mieczami.

2. Dywizja Pancerna została wycofana z frontu i przegrupowała i w dniach 24-29 lipca w okolicach Husztu przygotowywała się do działań opóźniających. Według raportu z 9 sierpnia dywizja posiadała 14 x czołgów lekkich 38M Toldi, 40 x czołgów średnich 40M Turán, 14 x czołgów ciężkich 41M Turán, po jednym Pz.Kpfw. III Ausf. M i StuG III Ausf. G. 9 czołgów średnich Pz.Kpfw. IV Ausf. H i trzy czołgi ciężkie Pz.Kpfw. VI Ausf. E Tiger które nie nadawały się do użytku. Czołgi Tiger zostały zwrócone Niemcom.

1. DYWIZJA KAWALERII, ROK 1944

1 Dywizja Kawalerii była dumą armii węgierskiej i ulubioną jednostką Regenta Horthy'ego. Dywizja została wzmocniona przez broń pancerną i artylerię zmotoryzowaną, a po niemieckiej okupacji Węgier jednostka ta została wyznaczona do odjazdu na front. Formalnie zaczęła istniec jako wielka jednostka dnia 29 kwietnia 1944 roku.

Węgierski Sztab Generalny zamierzał podporządkować ją 1. Armii Węgierskiej, jednak Niemcy mieli inny plan, a huzary znaleźli się z dala od innych jednostek węgierskich, bo aż na bagnach Prypeci. Tam początkowo stanowili rezerwę sił generała porucznika Waltera Weissa, czyli niemieckiej 2. Armii, ale już po krótkim czasie zostali rzuceni do walki.

W składzie dywizji znalazł się 1. Batalion Czołgów Kawalerii z jedną ciężką i trzema średnimi kompaniami, a także kompanią dowodzenia, łącznie 25 x czołgi lekkie 38M Toldi, 54 x czołgi średnie 40M Turán i 11 x czołgi ciężkie 41M Turán. Inne źródła z kolei podają ogółem 56 średnich i 11 ciężkich

The mobilised 1st Tank Regiment was augmented from depots, training units, 40M Turán tanks at the yard of the Automobile Depot at Mátyásföld in 1944. [Fortepan]

1. Pułk Czołgów został wzmocniony maszynami pochodzącymi z jednostek szkolnych. Na zdjęciu czołgi 40M Turán na placu parku maszynowego w Mátyásföld w roku 1944. [Fortepan]

Factory level maintenance of a 40M Turán medium tank at the Automobile Depot of the Army at Mátyásföld in 1944. [Fortepan]

Czołg 40M Turán podczas prac remontowych w parku maszynowym Armii Węgierskiej w Mátyásföld w 1944 roku. [Fortepan]

Lieutenant Colonel Vilmos Báthory was the commander of the 1st Cavalry Tank Battalion in 1944. The Heavy Company was commanded by Captain Attila Reök.

On 2 July 1944 the 1st Cavalry Tank Battalion was split into two battle groups. The 4th Heavy Company was subor-

Turanów i 5 czołgów lekkich Toldi oraz trzy czołgi Pz.Kpfw. 38(t) przeznaczonych do szkolenia. Nie trafiły one na front.

Pułkownik Vilmos Báthory był dowódcą 1 Batalionu Czołgów Kawalerii. Kompanią ciężką dowodził kapitan Attila Reök.

River crossing exercises on pontoon ferry by the heavy Turán of the 1st Tank Regiment before the deployment in September 1944. [Fortepan]

Ćwiczenia przeprawy przez rzekę przed planowanym skierowaniem na front we wrześniu 1944 roku. Na zdjęciu ciężki czołg Turán należący do 1. Pułku Czołgów. [Fortepan]

dinated to the battle group of Colonel Zoltán Schell at Timkovicze. The battle group comprised of one and a half hussar regiments, two and a half artillery battalions, one AA battery, one heavy tank company and an armoured car platoon, plus a German tank hunter company. The battle group was ordered to replace the German 4th Cavalry Division's units at the Timkovicze bridgehead.

The remainder of the 1st Cavalry Tank Battalion and the 3rd Reconnaissance Battalion were held in reserve at Kletsk.

Battle Group Schell launched an attack from Timkovicze on 3 July, but the Hussars were counter-attacked by Russian armour at Smolice and Kuderewszczyzna. The 4th Heavy Company, commanded by Captain Attila Reök saved the situation, and the heavy 41. M Turáns halted the enemy without casualties.

Following heavy fighting, the 1st Cavalry Division was encircled at Kletsk. The Hussars received orders to break through the enemy ring and withdraw behind the small River Cerpa. The heavy company of Captain Reök took part in this operation as the vanguard unit of the advancing troops. It was supported by the 4th Sapper Company armed with panzerfausts, and engaged the Soviet armour on 4 July at the stream of Cerpa. The heavy Turáns knocked out several enemy armoured vehicles, but two Hungarian tanks were lost.

Colonel Zoltán Schell remembered the assault:

"I was on the hilltop near the Cepra Bridge. That moment the motorised sapper company arrived from the north-east, and from the north Captain Reök heavy tank company appeared just in time. Their commanding officers have just come forward to report me. At this moment, a few enemy tanks appeared at the edge of a hilltop few hundred meters north from us, and opened fire on every available targets; on us, on the sappers, the troops at the position along the Cepra, and even the artillery projectiles went over the hill

2 lipca 1944 roku 1. Batalion Czołgów Kawalerii został podzielony na dwie grupy bojowe. Czwarta kompania ciężka została podporządkowana grupie bojowej pułkownika Zoltána Schella znajdującej się w Tymkowiczach. Grupa bojowa składała się z półtorej pułku huzarów, dwóch i pół batalionów artylerii, jednej baterii dział przeciwlotniczych, jednej kompanii czołgów ciężkich i plutonu samochodów pancernych oraz niemieckiej kompanii niszczycieli czołgów. Grupie nakazano zluzować jednostki niemieckiej 4. Dywizji Kawalerii na przyczółku Tymkowicze.

Pozostała część 1. Batalionu Czołgów Kawalerii oraz 3. Batalionu Rozpoznawczego zatrzymano w odwodzie znajdującym się w Klecku.

Grupa bojowa Schell rozpoczęła natarcie z Tymkowicz dnia 3 lipca, lecz huzarzy napotkali na przeciwuderzenie sowieckiej broni pancernej pod Smolicami i Kuderewszczyzną. Czwarta kompania ciężka dowodzona przez kapitana Attilę Reöka uratowała sytuację, a czołgi ciężkie 41M Turán zatrzymały przeciwnika bez strat własnych.

W wyniku ciężkich walk 1. Dywizja Kawalerii została okrążona w Klecku. Huzarzy otrzymali rozkaz przebicia się przez pierścień okrążenia i wycofania się za małą rzeczkę Czerpa. Ciężka kompania kapitana Reöka wzięła udział w tej operacji jako straż przednia. Została wsparta przez 4. kompanię saperów uzbrojoną w Panzerfausty. Podczas walk nad Czerpą 4 lipca ciężkie Turany zniszczyły kilka wozów bojowych przeciwnika, kosztem dwóch czołgow własnych.

Kapitan Attila Reök, został ciężko ranny – stracił rękę, dowodząc swoją jednostką z otwartego włazu wieży Turana. Ze względu na dzielną postawę kompanii czołgów oraz saperów dywizja mogła wymknąć się z okrążenia.

Od czasu bitwy pod Kleckiem aż do 25 lipca 1. Dywizja Kawalerii znajdowała się w ciągłym odwrocie na zachód, w kierunku Wisły. Kolejne ciężkie walki spowodowały, że dywizja straciła większość swoich pojazdów i broni ciężkiej.

Colonel Ferenc Koszorús, commander of the 1st Armoured Division in 1944, riding on his 40M Turán tank. [Mujzer Péter]

Płk. Ferenc Koszorús, który dowodził 1. Dywizją Pancerną w 1944 roku sfotografowany na swym czołgu 40M Turán. [Mujzer Péter]

exploded among the horsed groups and the horses of the already dismounted cavalry, causing confusion in their rows.

The worst moment of the day has come.

There was no time for much thought. My orders were very short:

1. To Captain Reök, the Commander of the Heavy Tank Company personally: "Attack! Go to the enemy! Stop on the hilltop! "

2. To the Captain Szaller, Commander of the Sapper Company, also personally: "From the trucks, follow the tank company, take the hill! There's anti-tank defence!"

3. To Lieutenant Colonel Szabadhegy, who tried to keep in order his battalion behind us, with dispatch rider: „4/II Hussar Battalion mounting! Taking a ride back south to the road! Further orders receive from Major Matuskovich at there."

4. Major Matuskovich personally: "With motorcycle go down to the driveway! At the bridge, stop the retreating troops and direct them further along the road west to Sinjavka. The first arrived company in covering positions towards east and south! Reconnaissance on both sides of the road! I will wait for Colonel Makay here, and then we drove down on the road. If there was an enemy over the Cepra, we would break through it!

I have not finished with Major Matuskovich, when Captain Reök's tanks were rolled up the hill, followed by the sappers with panzefausts. Some of the anti-tank guns opened fire on the enemy tanks, which drifted back behind the hedge trunk. Our tanks did not stop on the hill, but in the midst of fierce firing, they followed the fleeing enemy, destroyed more tanks and repelled a stronger armoured unit, accompanied by infantry. The enemy shot out two of our tanks and Captain Reök, who was in the open armoured turret of the Company Commander Tank, was seriously injured and lost one of his arms.

My heart hurts even today, when I remember of Captain Reök tanks and Captain Szaller sappers. I have an unforgettable image of their heroic charge. They did not know how powerful their enemies were, they did not know what was waiting for

1. Batalion Czołgów Kawalerii utracił wszystkie 84 czołgi, a 3. Batalion Rozpoznawczy miał już tylko 6 samochodów pancernych z pierwotnej liczby 23.

15 lipca z załóg 1. Batalionu Czołgów Kawalerii zorganizowano dwie kompanie piechoty.

W okresie do 15 lipca straty osobowe dywizji były następujące: 2. Pułk Huzarów - 40%, 4. Pułk Huzarów - 30%, 15. Batalion Cyklistów - 40%, 1. Batalion Czołgów Kawalerii – 35%.

2. DYWIZJA PANCERNA W SIDMIOGRODZIE, ROK 1944

Po zmianie stron przez Rumunię w sierpniu 1944 roku węgierski Sztab Generalny przygotował plan zajęcia południowego Siedmiogrodu. Naczelnym zamiarem było utworzenie linii obronnej w Karpatach południowych, aby w ten sposób zapobiec przebiciu się Sowietów i ich nowych rumuńskich sojuszników na terytorium Węgier.

Sztab Generalny szybko zorganizował i sformował nową 2. Armię Węgierską i wzmocnił ją 2. Dywizją Pancerną. W dniu 5 września Madziarzy rozpoczęli ofensywę przeciwko przeważającym siłom rumuńskim.

Siły węgierskie składały się z trzech rezerwowych dywizji piechoty, jednej lekkiej dywizji piechoty oraz jednej dywizji piechoty, dwóch rezerwowych brygad górskich, jednej brygady straży granicznej i wreszcie 2. Dywizji Pancernej. W Siedmiogrodzie stanęły naprzeciwko tych skromnych sił całe rumuńskie 1. i 4. Armie ze swoimi 20 dywizjami.

Pierwsza faza natarcia zakończyła się powodzeniem i siły węgierskie dotarły do miasta Torda oraz przekroczyły rzeki Aranyos i Maros. Armia Czerwona jednak zwiększyli jednak tempo swoich działań i skutecznie zablokowała ruch Węgrów ku Karpatom. Wojska węgierskie zostały zmuszone do wycofania się za rzekę Maros i przejścia do obrony.

W walkach tych uczestniczyła 2. Dywizja Pancerna, dowodzona przez generała dywizji Zoltána Zsedényi, pułkownik László Balsay był dowódcą 3. Pułku Pancernego, a pułkownik Jenő Altorjay dowodził 3. Pułkiem Strzelców Zmotoryzowanych.

them over the hillsides, but without hesitation, they quickly attack the Soviet armours to save the situation. And they saved! "

The company commander, Capitan Attila Reök, was seriously wounded, losing his arm while directing his unit from the opened turret hatch of his Turán. Due to the gallant resistance of these units the Division was able to slip out from the encirclement.

After the battle of Kletsk, until 25 July, the 1st Cavalry Division was in constant withdrawal in the direction of the River Vistula. Further heavy fighting resulted in the division losing most of its vehicles and armaments.

The 1st Cavalry Tank Battalion lost all 84 tanks and the 3rd Reconnaissance Battalion had only 6 armoured cars remaining from its original 23.

Two infantry companies were organised from the crews of the 1st Cavalry Tank Battalion on July 15.

In the period up to 15 July, the division's personnel losses were as follows: 2nd Hussars - 40%, 4th Hussars - 30%, 15th Bicycle Battalion - 40%, Tank Battalion - 35%.

THE 2ND ARMOURED DIVISION IN TRANSYLVANIA 1944

Following Romania's change of allegiance in August 1944, the Hungarian General Staff prepared a plan for the occupation of southern Transylvania. The intention was to form a defence line in the southern Carpathian Mountains and so prevent the Russians and their new Romanian allies from advancing into Hungarian territory.

The General Staff quickly organised and mobilised a new 2nd Hungarian Army and reinforced it with the 2nd Armoured Division. The Hungarians launched an offensive against overwhelmingly superior Romanian forces on 5 September.

The Hungarian forces comprised of three reserve infantry divisions, one light infantry division and one infantry division, two reserve mountain brigades, one frontier guard brigade and the 2nd Armoured Division. Facing them in Transylvania was the 1st and 4th Romanian Armies with 20 divisions.

The first stage of attack was successful and the Hungarian forces reached the town of Torda and crossed the Aranyos and Maros Rivers. However, the Russians increased the pace of their advance and successfully blocked the Hungarian

Close up photo of the commander's cupola of the 40M Turán medium tank. [War Correspondent Company]

Zbliżenie wieżyczki dowódcy czołgu 40M Turán. [War Correspondent Company]

Z powodu strat poniesionych w Małopolsce Wschodnie dywizji była znacząco osłabiona. Według dokumentów miała ona 14 czołgów lekkich 38M Toldi, 40 czołgów średnich 40M Turán, 14 czołgów ciężkich 41M Turán, 21 wozów przeciwlotniczo-przeciwpancernych 40M Nimród oraz 12 samochodów pancernych 39M i 40M Csaba. Dywizja została także wzmocniona o jeden Pz.Kpfw. III, dziewięć Pz.Kpfw. IV Ausf. HH, trzy Pz.Kpfw. VI Ausf. H Tiger E oraz jedno działo szturmowe StuG Ausf. G. Dodatkowo około 4 września do pododdziałów trafiło jeszcze 20 Pz.Kpfw. IV Ausf. H i pięć Pz.Kpfw. V Panther.

Łącznie dywizja posiadała około 140 pojazdów opancerzonych, z których jednak tylko sto nadawało się do działań bojowych.

Oddziały dywizji zostały przetransportowane koleją z Esztergom i Hajmáskér do Szamosfalva, gdzie wyładowały się dnia 5 września.

Dnia 8 września na drodze Madziarów znalazły się rumuński Korpus Zmechanizowany oraz rumuńskie 8. Dywizja Kawalerii Zmotoryzowanej i 9. Dywizja Piechoty .

2. Dywizja Pancerna dnia 10 września została skierowana do odwodu, lecz już 13 września znalazła się w Torda. Wokół

Embarking Turán tanks towards the assembly area in September 1944, the tanks had three digit turret numbers.

Czołgi Turán kierujące się w rejon zbiórki we wrześniu 1944 roku. Uwagę zwracają trzycyfrowe oznaczenia na wieżach.

Even the test vehicles were pressed into the combat unit, the experimental signal Turán was also deployed to the front.

Nawet pojazdy eksperymentalne przekazywane były do jednostek bojowych, tak jak ten wóz łączności Turán, który także trafił na front.

drive towards the Carpathians. The Hungarian troops were forced to withdraw behind the river Maros and prepare for defence.

Taking part in the fighting was the 2nd Armoured Division, led by Major General Zoltán Zsedényi, Colonel László Balsay was the commander of the 3rd Tank Regiment and Colonel Jenő Altorjay commanded the 3rd Motorised Rifle Regiment.

Due to the losses suffered in Galicia, the combat strength of the division was depleted. According to the reports it had 14 x 38M Toldi light tanks, 40 x 40M medium Turán, 14 x 41M heavy Turán tanks, 21 x 40. M Nimród Sp. AT-AA vehicles and 12 x 39 and 40M Csaba armoured cars. The Division was augmented with one Pz.III, nine Pz.IVH, three Pz.VIH TigerE and one StuG. G armoured vehicles. Around of 4 of September 20 Pz.IVH and five Pz.V Panther tanks arrived to the units.

The Division had about 140 armoured vehicles, 100 of them were serviceable at the time of the operation.

The units of the Division were transported by rail from Esztergom and Hajmáskér to Szamosfalva, disembarked on 5 of September.

On September 8 the Romanian Mechanized Corps, and the 8th Motorised Cavalry and 9th Infantry Divisions were deployed to halt the Hungarian advance.

The 2nd Armoured Division was placed in reserve on 10 September, but was deployed again on 13 September at Torda. The Hungarians established a strong defence line around the town of Torda, which stopped the advancing Romanian-Soviet forces from mid-September to mid-October. The 2nd Armoured Division was used as a mobile reserve and was deployed along critical points of the front line to carry out counter-attacks.

Captain József Pap served as company commander with the 3/III Tank Battalion, his tank was knocked out by Soviet anti-tank guns on 20 September at North-East of Torda and he was killed, his body left in his destroyed 41M heavy Turán tank.

The heaviest fighting took place on 22 September when the Russian-Romanian forces wanted to envelop and

tego miasta Węgrzy utworzyli silną linię obrony, która zatrzymała siły rumuńsko-sowieckie na okres od połowy września do połowy października. 2. Dywizja Pancerna została wykorzystana jako ruchoma rezerwa, a jej pododdziały zostały rozmieszczone na bezpośrednim zapleczu krytycznych punktów linii frontu, skąd przeprowadzały lokalne przeciwuderzenia.

Kapitan József Pap służył jako dowódca kompanii w 3/III batalionie czołgów, jego czołg został zniszczony przez sowieckie działa przeciwpancerne 20 września w północno-wschodniej części Torda, a on sam poległ, jego zwłoki pozostały w spalonym czołgu ciężkim 41M Turán .

Najcięższe walki miały miejsce 22 września, kiedy siły sowiecko-rumuńskie na polecenie marszałka Malinowskiego. Podjęły próbę otoczenia i zniszczenia obrońców.

O godzinie natarcie przeciwnika 10.30 dotarło do doliny potoku Szent János. Na wzgórzu Szalonnás i wzgórzu Sósfar pozycje zporową zajmował 3/II Batalion Czołgów, którego zadaniem było niedopuszczenie, by przeciwnik wtargnął do

Tank commander commanding his 40M Turán medium tank during the advance towards the Romanian troops, wearing crash helmet with intercom set and binocular. [War Correspondent Company]

Dowódca czołgu 40M Turán podczas natarcia na pozycje wojsk rumuńskich wyposażony w hełmofon i lornetkę. [War Correspondent Company]

Soldiers posing in front of a 41M heavy Turán tank used before a test bed of the signal vehicle.

Żołnierze pozujący do zdjęcia przy czołgu 41M Turán, który uprzednio służył jako wersja doświadczalna pojazdu łączności.

destroy the Hungarian defences, it was ordered by Marshal Malinovsky.

The attack at 10.30 hours reached the bottom of the valley of Szent János Creek. On the terrain of the Szalonnás Hill - Sósfar Hill on the 3/II Tank Battalion occupied a blocking position in order to prevent the invading enemy from entering the Sós Valley. Here the Soviet 180th Rifle Division attacked reinforced by 30 T-34 tanks the 46th Guard Tank Brigade.

Only two Panthers, six Pz. IV and nine Turán tanks of the 3rd Tank Regiment remained in the reserve of the Hungarian troops on 24 September, which was located at Nagy-Ördöngős.

The 6th Motorised Rifle and the 2nd Armoured Pioneer Battalions, supported by tanks, successfully counter-attacked the advancing Russian troops in the valley of Péterlakat on 26 September.

The combat group was led by Captain Jenő Esze, commander of the 2nd Armoured Pioneer Battalion, and supported by the nine 40M Turá and two Pz.V Panther tanks and the parts of the 4th Motorized Rifle Battalion also joined to the advance.

According to the Romanian sources, the Romanian forces captured several serviceable Toldi and Turán tanks, two Hetzers and one Zrínyi assault howitzer in Transylvania in September/October 1944. These armoured vehicles contrary to the general rules were used by the Romanian forces against their former owners.

THE 2ND ARMOURED DIVISION IN 1944/45

In November 1944 the 2nd Armoured Division was replenished with men and equipment at Komárom. The 3rd Tank Regiment had nine Pz.IV and two 38.M Toldi tanks those were serviceable. In second half of November 1944, the 2nd Armoured Division was partially filled up at Párkány. Even at Szákszende, they held conversion training from Turán to Pz.IV tanks.

The 2nd Armoured Division fought at Lovasberény, from 9 to 19 of December.

In early days of December 1944, the Division had 119 armoured vehicles, but only 17 operational. The Division had 26 x 40M Nimród Sp.AT-AA vehicles, 8 x 39M Csaba armoured

doliny Sós. Nacierała tu sowiecka 180. Dywizja Strzelecka, wzmocniony przez 30 czołgów T-34 z 46. Brygady Pancernej Gwardii.

W dniu 24 września już tylko dwa czołgi Panther, sześć Pz.Kpfw. IV i dziewięć czołgów Turán pz 3. Pułku Pancernego pozostawało w odwodzie obrońców, a wszystkie te wozy znajdowały się w Nagy-Ördöngős.

Dnia 26 września 6. Batalionu Strzelców Zmotoryzowanych oraz 2. Pancerny Batalion Pionierów, wspierane przez czołgi, skutecznie przeciwnacierały na zbliżające się wojska sowieckie w dolinie Péterlakat.

Tą grupą bojową dowodził kapitan Jenő Esze, dowódca 2. Pancernego Batalionu Pionierów, wspartych przez dziewięć czołgów 40M Turán i dwa czołgi Pz.Kpfw. V Panther oraz elementy 4. Batalionu Strzelców Zmotoryzowanych.

Według źródeł rumuńskich podczas walk we wrześniu oraz październiku zdobytych zostało kilka nadających się do użytku czołgów Toldi i Turán, dwa Hetzery i jedno działo szturmowe Zrínyi. Wbrew ogólnym wytycznym, pojazdy te wykorzystane zostały przez siły rumuńskie przeciw ich byłym właścicielom .

2. DYWIZJA PANCERNA W LATACH 1944–1945

W listopadzie 1944 r. 2. Dywizja Pancerna podczas postoju w Komárom w postaci ludzi i sprzętu. Do tego momenty 3. Pułk Czołgów posiadał sprawnych jedynie dziewięć czołgów Pz.Kpfw. IV i dwa czołgi 38M Toldi. W drugiej połowie listopada 1944 roku 2. Dywizja Pancerna została ponownie uzupełniona w Párkány. W Szákszende odbyło się przeszkolenie, w myśl którego zalogi czołgów Turán miały się przesiąść na Pz.Kpfw. IV.

W dniach 0d 9 do 19 grudnia 2. Dywizja Pancerna walczyła w rejonie Lovasberény.

Na początku grudnia 1944 dywizja dysponowała 119, z których jednak sprawnych było zaledwie tylko 17. Dywizja posiadała teoretycznie 26 pojazdów przeciwlotniczo-przeciwpancernych 40M Nimród, 8 samochodow pancernych 39M Csaba, 35 czołgów średnich 40M Turán, 8 czołgów ciężkich 41M Turán, 16 czołgów lekkich 38M Toldi, jeden Pz.Kpfw. III, 20 Pz.Kpfw. IV, cztery czołgi Pz.Kpfw. V Panther oraz jedno działo szturmowe StuG. III.

car, 35 medium 40M Turán tanks, 8 heavy 41M Turán tanks, 16 x 38M Toldi light tanks, one Pz.III, 20 x Pz.IV, four Pz.V Panther tanks and one StuG. III assault gun.

By the end of December 1944, 100 armoured vehicles was written off from the 2nd Armoured Division.

Most of the written off vehicles were the Hungarian made Turáns, Toldis and Nimróds.

From that time the deployments of the Turán tanks become rare, due to the lack of spare parts, ammunition, and maintenance.

The 2nd Armoured Division continued its operation with German vehicles, Pz. IVH, Sd.Kfz.250 half-tracked vehicles.

The Division took part in Operation Conrad I at Székesfehérvár from 7 to 12 January 1945.

On 7 January 1945, the Soviet attacks of the 3rd German and 2nd Hungarian Armoured Divisions was halted at Csákvár.

By the end of March 1945 the 2nd Armoured Division ceased to exist as a combat unit.

1ST ARMOURED DIVISION IN 1944/45

The Hungarian IV Corps was organised under Lieutenant General József Heszlényi to block the advance of Russian-Romanian troops on the southern plains of Hungary at Arad and Lippa. The IV Corps was augmented with the VII Corps and later renamed as the 3rd Army commanded by Lieutenant General Heszlényi. The troops assembled in the area of Makó – Nagyvárad, 17 September, 1944.

The 1st Armoured Division was only partially equipped at this time. The Division was removed from the Order of Battle, when its armament and equipment was handed over to the 2nd Armoured Division, when it was mobilised in April 1944. However the 1st Armoured Division was mobilised again in August of 1944.

On the other hand we have to say, that according to the battle strength deficits of the 2nd Armoured Division, it only had a missing half tank battalion strength during its deployment. It is not explain, why the 1st Armoured Division was remove officially from the official Order of Battle. There are

Do końca grudnia 1944 roku ze stanu 2. Dywizji Pancernej zostało spisanych około stu wozów bojowych. Większość z nich to węgierskie Turany, Toldi i Nimródy. Od tego czasu wykorzystanie czołgów Turán w walce stało się rzadkie z powodu braku części zamiennych oraz amunicji.

Od tej pory 2. Dywizja Pancerna kontynuowała walkę przy użyciu niemieckich Pz.Kpfw. IV Ausf. H oraz transporterów półgąsienicowych. Uczestniczyła w operacji Conrada I w rejonie Székesfehérvár w dniach od 7 do 12 stycznia 1945 roku.

Dnia 7 stycznia 1945 pod Csákvár powstrzymane zostało sowieckie natarcie na 3. niemiecką i 2. węgierską dywizje pancerne.

Do końca marca roku 1945 2. Dywizja Pancerna przestała istnieć jako zwarta jednostka bojowa.

1. DYWIZJA PANCERNA W LATACH 1944–1945

Węgierski IV KA został sformowany pod dowództwem generała dywizji Józsefa Heszlényiego. Miał on zatrzymać natarcie wojsk sowieckich-rumuńskich na równinach południowych Węgier, w rejonie Aradu i Lippy. IV Korpus został wzmocniony przez VII KA i w ten sposób powstała 3. Armia dowodzoną przez generała dywizji Heszlényigo. Dnia 17 września 1944 roku siły te skoncentrowały się w rejonie Makó – Nagyvárad.

1. Dywizja Pancerna była wówczas wyposażona tylko częściowo. Jej uzbrojenie i wyposażenie zostały wcześniej przekazane 2. Dywizji Pancernej, podczas procesu formowania tej ostatniej w kwietniu 1944 roku. Jednak 1. Dywizja Pancerna została ponownie powołana do zyciaw sierpniu roku 1944 .

Z drugiej strony należy podkreślić, że w momencie skreślenia 1. Dywizji Pancernej ze składu węgierskich sił zbrojnych wiosną roku 1944, brakowało jej do stanów etatowych tylko połowy batalionu czołgów wobec stanu pierwotnego. Nie wyjaśnia to, dlaczego 1. Dywizja Pancerna została oficjalnie usunięta ze spisu wielkich jednostek. Istnieją spekulacje, iż Węgrzy zamierzali ukryć istnienie 1. Dywizji Pancernej przed

Broken down 41M Turán heavy/signal tank guarded by an armed sentry on a railway station in 1944.

Uszkodzony czołg 41M Turán w wersji wozu łączności pilnowany przez uzbrojonego strażnika na stacji kolejowej w 1944 roku.

some speculations that the Hungarians wanted to hide the 1st Armoured Division from the Germans to save it for the defence of Hungary instead of deploying on the Eastern Front.

The Division consisted of the 1st Tank Regiment with the 1/I and 1/III Battalions, the 1st Armoured Division was also called in the official documents as the 1st Armoured Replacement Division.

In the autumn of 1944 the 1st Tank Regiment lacked its tanks, so it was necessary to augment them from various training units. The 1st Assault Gun Battalion and the 2nd – 8th Assault Gun Training Cadres handed over 24 heavy 41M Turán tanks to the 1st Tank Regiment.

Staff Colonel Ferenc Koszorús led the 1st Armoured Division and Colonel Zoltán Balló commanded the 1st Tank Regiment.

The Division had only one tank battalion commanded by Lieutenant Colonel György Gyurkovich, the 1/III with a staff company (5 x 38M Toldi tanks) and three medium companies (7 x 41M Turán, 5 x 38M Toldi and 3 x 40M Nimród Sp.AT-AA vehicles/ company) as of 2 September 1944.

The Division had 60-70 armoured vehicles before the start of the operation.

The Hungarian troops planned to attack on September 3, but delayed the offensive until 13 September. Due to this delay the Romanians were able to reinforce their troops and two Romanian infantry divisions and one cavalry division faced the Hungarians, instead of one.

The Armoured Division was to attack the Romanian forces in successive waves from the area of Kevermes-Elek.

The 3rd Army commander requested the 1st Armoured Division to begin its offensive, to support the infantry and annihilate the Romanian troops.

The Armoured Division surprised troops of the Romanian 1st Cavalry Division. The Hungarian Turáns attacked and destroyed a large Romanian cavalry group on the road at Macsa-Kürtös.

Niemcami, aby zachować ją do obrony Węgier i zapobiec wysłaniu na Front Wschodni.

Dywizja składała się z 1. Pułku Pancernego z batalionami 1/I i 1/III, Dywizja w oficjalnych dokumentach bywała również nazywana 1. Zapasową Dywizją Pancerną.

Jesienią roku 1944 w 1. Pułku Czołgów brakowało pojazdów, dlatego konieczne było ich uzupełnienie kosztem różnych jednostek szkolnych. Wobec Tego 1. Batalion Dział Szturmowym oraz 2. - 8. Kadrowe Bataliony Dział Szturmowych przekazały do 1. Pułku Czołgów 24 wozy 41M Turán.

Pułkownik sztabowy Ferenc Koszorús został dowódcą 1. Dywizji Pancernej, a pułkownik Zoltán Balló dowodził 1. Pułkiem Czołgów.

W rzeczywistości jednak dywizja posiadała tylko jeden batalion czołgów dowodzony przez podpułkownika György Gyurkovicha - 1/III - z kompanią dowodzenia (5 czołgów 38M Toldi) i trzema kompaniami czołgów średnich (w każdej kompanii - 7 x 41M Turán, 5 x 38MToldi i 3 x 40M Nimród) według stanu na dzień 2 września 1944 roku. Przed wejściem do walki dywizja posiadała łącznie 60-70 wozów bojowych.

Wojska węgierskie planowały natarcie na dzień 3 września, ale opóźniło się ono do 13 września. Z powodu tego opóźnienia Rumuni byli w stanie wzmocnić swoje siły, a zamiast jednej, naprzeciwko Madziarów stanęły dwie rumuńskie dywizje piechoty i jedna dywizja kawalerii.

Dywizja miała atakować siły rumuńskie etapami, zaczynając od okolic Kevermes-Elek. Dowódca 3. Armii nakazał 1. Dywizji Pancernej prowadzenie ataku, co miało ułatwić pobicie Rumunów.

Dywizja w pełni zaskoczyła rumuńską 1. Dywizję Kawalerii. Węgierskie Turany zniszczyły dużą grupę kawalerii rumuńskiej na drodze pod Macsa-Kürtös.

W dniach 14-17 września 1. Dywizja Pancerna walczyła z rumuńską 19. Dywizją Piechoty. Ze względu na ukształtowanie terenu siły węgierskie zostały zmuszone do przeprowa-

40M Turán medium tanks waited for distribution to the units at Mátyásföld in 1944. [Fortepan]
Czołgi 40M Turán oczekujące w Mátyásföld na przydział do jednostek bojowych. 1944 rok. [Fortepan]

During September 14/17 the 1st Armoured Division fought against the 19th Romanian Infantry Division. Due to the terrain the Hungarian forces were forced to attack from head-on. The Hungarian tanks and infantry overran part of the Roman defence line on 16 September. But the following day Soviet armoured columns arrived and helped the Romanian forces to seal the gap. According to Romanian sources, 387 Hungarians were captured and 23 Toldi and Turán tanks knocked out compared to 377 Romanian casualties.

The units of the 1st Armoured Division alarmed because of the invading Soviet tanks in the early afternoon of 19 September. The main force of the 1st Tank Regiment and the 5/1. Motorized Artillery Battery deployed to Zimándújfalu.

Colonel Koszorús first ordered Lieutenant Colonel Imre Németh Imre with his battle group against Soviet tanks and self-propelled guns. According to the instructions given to Lieutenant Colonel Németh, the Soviet armoured unit had to be lured to the bend of the fortress line "Carol", which had been erected several years earlier on the Romanian side of the border, to the bend of Pénzespuszta. According to the plan of the Division Commander, Colonel Vastagh's group had to attack the Soviet armoured forces from the south-western area of Zimándújfalu.

The division's reserve was made up of Colonel Zoltán Baló's combat group, three tank company, two motorized rifle battalions and the 51st Sp.AT-AA Battalion, they had to explore from Kürtös towards the Világos and the Erdőkerék.

Lieutenant Colonel Németh carried out his task and lured the Soviet group of about 25 T-34 tanks after his Group. Because the Soviet maps did not include the Romanian anti-tank ditches and did not send reconnaissance teams, they stumbled around the Klára-major in the north-western area of Zimándújfalu.

The Red Army armoured vehicles stopped and assembled in close formation before an array of hidden anti-tank ditches. At this moment, around 17.00 hours, German dive bombers hit the unsuspecting targets and the Hungarian tanks and artillery opened fire from the flanks and rear. Dur-

dzenia natarcia czołowego. Węgierskie czołgi i piechota zajęły 16 września uczyniły wyłom w rumuńskich liniach obronnych. Ale już następnego dnia pojawiły się kolumny pancerne Armii Czerwonej i przy ich pomocy Rumunom udało się wypełnic powstałą lukę. Według źródeł rumuńskich wzięto do niewoli 387 Węgrów, a 23 czołgi Toldi i Turán zostały zniszczone w zestawieniu porównaniu z 377 ofiarami po stronie rumuńskiej.

Pododdziały 1. Dywizji Pancernej zostały zaalarmowane z powodu pojawienia się czołgów sowieckich wczesnym popołudniem 19 września. Większość 1. Pułku Czołgów i 5/1. zmotoryzowana bateria artylerii zostały skierowane do Zimándújfalu.

Pułkownik Koszorús nakazał podpułkownikowi Imre Némethowi Imre'a wyruszenie wraz ze swoją grupą bojową przeciw sowieckim czołgom i działom samobieżnym. Zgodnie z instrukcjami udzielonymi podpułkownikowi Némethowi sowiecka broń pancerna miała zostać zwabiona do zagięcia linii obronnej „Carol", która została wzniesiona kilka lat wcześniej po rumuńskiej stronie granicy. Zgodnie z planem dowódcy dywizji grupa pułkownika Vastagha miała zaatakować czołgi sowieckie z południowego-zachodu, z okolic Zimándújfalu.

Odwód dywizji składał się z grupy bojowej pułkownika Zoltána Baló w sile trzech kompanii czołgów, dwóch batalionów strzelców zmotoryzowanych i 51 Batalionu Przeciwlotniczo-Przeciwpancernego, które miały wykorzystać powodzenie z rejonu Kürtös w kierunku Világos i Erdőkerék.

Podpułkownik Németh wykonał swoje zadanie i zwabił grupę około 25 czołgów T-34 w pułapkę. Ponieważ mapy sowieckie nie uwzględniały rumuńskich rowów przeciwczołgowych i nie przeprowadzono rozpoznania, Sowieci utknęli w okolicy Klára-major w północno-zachodniej części Zimándújfalu.

Wozy bojowe Armii Czerwonej zatrzymały się i skupiły w bliskiej formacji przed ciągiem nierozpoznanych rowów przeciwczołgowych. W tym momencie, około godziny 17.00, niemieckie bombowce nurkujące zaatakowały niczego niepodejrzewające czołgi sowieckie, a węgierskie czołgi i artyleria otworzyły ogień ze skrzydeł i z tyłu. Podczas walki siły

A bunch of 40M Turán medium tanks parking at the yard of the Automobile Depot at Mátyásföld in 1944. [Fortepan]

Czołgi 40M Turán zaparkowane na placu parku maszynowego w Mátyásföld w 1944 roku. [Fortepan]

40M Turán medium tank with tree tone camouflage and white cross military insignia, the crew wearing mechanic overall.

Czołg 40M Turán w trójkolorowym kamuflażu i z białym krzyżem. Załoga nosi kombinezony polowe.

ing the fighting the Hungarian forces destroyed approximately 100 Soviet vehicles, among them 28 T-34 tanks.

According to the witnesses, 23 burnt out T-34s were left on the scene of the battle. The Hungarian troops had no tank loss. The 1st Armoured Division destroyed only seven Soviet armour in combat, the rest were destroyed by the German ground-attack planes. This decisive action of Division allowed the parts of the 3rd Hungarian Army to detach themselves from the Soviet forces and occupy new lines of defence along the border line.

1st Lieutenant Béla Benkovich belonged to the 1/I Tank Battalion, commanded the 4th Company; he was killed by a head shot at Zimándújfalu, South-Transylvania on 21 September 1944. Posthumously he was decorated with the Hungarian Knight Cross with swords.

After this tactical success the 1st Armoured Division, despite the protests of its commander, was deployed as an infantry support unit.

The 1st Armoured Division lost 91 killed, 260 wounded, 165 missing men in action during the period of 13-27 September. The technical loses was more than 50%.

The 1st Armoured Division fought under the command of the German III Panzer Corps at Kecskemét on 29 October 1944. Colonel Zoltán Schell was commander of the division at this time.

SIEGE OF BUDAPEST

When the city was encircled, around 24 December a significant Hungarian Army contingent was inside the cauldron. The Hungarian units were either part of the withdrawing 3rd Hungarian Army or originally stationed at Budapest as military units or institutes, schools, depots. The combat strength of the Hungarian troops was added by the various gendarme, police units, voluntary and party security units, plus wandering or lost soldiers without their original units. The divisions were depleted in combat strength, but their artillery was more or less intact.

węgierskie zniszczyły około sto sowieckich pojazdów, w tym 28 czołgów T-34.

Według naocznych świadków na polu bitwy pozostały 23 wypalone T-34. Wojska węgierskie nie poniosły żadnych strat w czołgach. 1. Dywizja Pancerna zniszczyła w walce tylko siedem wozów bojowych, reszta padła łupem niemieckich nurkowców. To działanie dywizji pozwoliło części 3. Armii Węgierskiej na oderwanie się od przeciwnika i zajęcie nowych linii obronnych wzdłuż granicy.

Porucznik Béla Benkovich należał do 1/I batalionu czołgów, w którym dowodził 4. kompanią; Poległ od śmiertelnego postrzału w głowę pod Zimándújfalu dnia 21 września. Został pośmiertnie odznaczony węgierskim Krzyżem Rycerskim z Mieczami.

Po osiągnięciu tego taktycznego sukcesu 1. Dywizja Pancerna, pomimo protestów dowódcy, miała być od tej pory używana w charakterze bezpośredniego wsparcia piechoty.

W okrsie 13-27 września 1. Dywizja Pancerna utraciła w walkach 91 poległych, 260 rannych oraz 165 zaginionych. Straty w sprzęcie wyniosły ponad 50%.

W dniu 29 września 1. Dywizja Pancerna walczyła w składzie niemieckiego III KPanc. w rejonie Kecskemét. Pułkownik Zoltán Schell był wówczas jej dowódcą.

OBLĘŻENIE BUDAPESZTU

Kiedy miasto zostało okrążone około dnia 24 grudnia w kotle znalazła się znaczna część sił węgierskich. Jednostki te były częścią wycofującej się 3. Armii Węgierskiej lub stacjonowały w Budapeszcie stanowiąc personel rozmaitych instytucji wojskowych, szkół, składów itp. Zbieraninę tę uzupełniały różne pododdziały żandarmów, jednostki policyjne, ochotnicy i grupy samoobrony, a także grupy żołnierzy, którzy zgubili swoje jednostki bądź pozostawali bez przydziału. Dywizje regularne były osłabione, ale ich artyleria była mniej więcej nietknięta.

Zgodnie z zestawieniem w skład sił obrońców wchodziły m.in. 10. Dywizja Piechoty, 12. Rezerwowa Dywizja

Camouflaged 40M Turán , turret number 432 advancing in smoke and dust in September 1944. [War Correspondent Company]

Czołg 40M Turán , nr wieży 432, naciera w pełnym kamuflażu wzbijając kłęby dymu i kurzu. Wrzesień 1944 roku. [War Correspondent Company]

According to the record the next units or certain subunits of them were available for the defence; 10th Infantry Division, 12th Reserve Division, 1st Armoured Division, 1st Hussar Division, Billnitzer Group (subunits of the 1st, 6th, 7th, 10th, 13th, 16th, 24th Assault Artillery Battalions), Anti-Aircraft Artillery Group (batteries of 6 anti-aircraft artillery battalion plus the 52nd Self-propelled Anti-Aircraft Artillery Battalion with 40. M Nimród Sp.AT/AA vehicles)

Approximately, the full strength of the Hungarian forces was about 55000 men, but the combatants were about just 15000 men, supported by 250 artillery pieces, 55 heavy anti-tank guns and 37-39 armoured vehicles.

Piechoty, 1. Dywizja Pancerna, 1. Dywizja Huzarów, Grupa Billnitzer (pododdziały 1., 6., 7., 10., 13., 16. i 24. Batalionów Artylerii Szturmowej), Grupa Artylerii Przeciwlotniczej (baterie 6. Batalionu Artylerii Przeciwlotniczej oraz 52. Samobieznego Batalionu Artylerii Przeciwlotniczej z pojazdami 40M Nimród).

W przybliżeniu liczebność sił węgierskich wynosiła około 55 000 ludzi, ale na pierwszej linii było około 15 000 ludzi, wspieranych przez 250 dział, 55 ciężkich armat przeciwpancernych i 37-39 wozów bojowych. W tym czasie 1. Dywizja Pancerna liczyła 5000 ludzi z trzema działami polowymi, sied-

Knocked out and abandoned 41M hevy Turán tank of the 1st Armoured Division at the bridgehead of Szentes October 1944.

Wrak czołgu 41M Turán z 1. Dywizji Pancernej porzucony na przyczółku Szentes w październiku 1944 roku.

Skirt plated 40m Turán medium tank in fire fight with the Soviet troops in Hungary, late 1944. [War Correspondent Company]

Czołg 40M Turán wyposażony w osłony antykumulacyjne w trakcie walk z wojskami sowieckimi na Węgrzech pod koniec 1944 roku. [War Correspondent Company]

Knocked out 41M Turán heavy tank at Budapest at the end of the siege of the city in spring of 1945.

Zniszczony czołg 41M Turán sfotografowany w Budapeszcie po zakończeniu oblężenia miasta na wiosnę 1945 roku.

At this time the 1st Armoured Division numbered 5000 men with three field guns, seven tanks and three anti-tank guns and two battalions of infantry.

Between October and early December 1944, the seven assault artillery battalions, in the immediate vicinity of Budapest were grouped under the command of the Billnitzer Group. Only the 1st, 7th, and 10th Assault Artillery Battalions were equipped with assault artillery vehicles. The rest of the assault artillery battalions were armed with a few Turán and Toldi tanks, anti-tank guns and infantry weapons.

The majority of assault artillery battalions were deployed on the front of the 1st Armoured Division, at Pécel and then Rákoscsaba, to the beginning of the siege.

The 1/3. Assault Gun Battery was commanded by 1st Lieutenant Tibor Rátz, it had five 40/43M Zrínyi assault howitzers and a few Turán tanks.

1st Lieutenant András Kulifay, the commander of the 1/2nd Battery was killed in action on 31 December 1944. He led his battery towards the Kelenföld Railway Station, when his 41M Turán tank, leading the advancing Zrínyi assault howitzers, was knocked out and he and his entire crew perished.

mioma czołgami i trzema amatami przeciwpancernymi oraz dwoma batalionami piechoty.

Od października do początku grudnia roku 1944 siedem batalionów artylerii szturmowej znajdujących się w bezpośrednim sąsiedztwie Budapesztu zgrupowano w tzw. Grupie Billnitzer.

Tylko 1., 7. i 10. bataliony były wyposażone w samobieżne działa szturmowe. Reszta batalionów artylerii szturmowej była uzbrojona w kilka czołgów Turán i Toldi, działa przeciwpancerne oraz broń piechoty.

Większość batalionów artylerii szturmowej została na początku oblężenia rozlokowana na odcinku 1. Dywizji Pancernej, w okolicy Pécel, a następnie w Rakoscsaba,

1/3. baterią dział szturmowych dowodził porucznik Tibor Rátz, miał on w swojej dyspozycji pięć haubic Zrínyi 40/43M Zrínyi i kilka czołgów Turán.

Porucznik András Kulifay, dowódca 1/2. baterii, zginął w walce dnia 31 grudnia. Poprowadził swoją baterię do stacji kolejowej Kelenföld, kiedy jego czołg 41M Turán, jadący na czele kolumny haubic Zrínyi, został trafiony, a on i cała jego załoga zginęła.

Train load of captured 41M heavy Turán tanks at Budafok-Háros Railway Station, during the siege of Budapest.

Zdobyczne czołgi 41M Turán załadowane na platformy kolejowe na stacji Budafok-Háros po oblężeniu Budapesztu.

THE FINAL BATTLES

Elements of Battle Group Horváth, led by Lt. Col Horváth, fought at Perbál with two Turáns, one Toldi and four Nimróds. Armed with 11 tanks and the remnants of the 7th Assault Gun Battalion, the Group launched a counter-attack

OSTATNIE WALKI

Elementy Grupy Horváth pod dowództwem podpułkownika Horvátha walczyły pod Perbál z dwoma Turanami, jednym Toldi i czterema Nimród w składzie. Dnia 7 grudnia grupa przeprowadziła kontratak w rejonieBaracska-Petend. 2. Pułk Kawalerii

Another view of the captured 41M Turán heavy tanks, the turret number 56 was painted on the skirt plate too.

Kolejne ujęcie zdobycznych czołgów 41M Turán. Numer wieży 56 był namalowany także na osłonach antykumulacyjnych.

The Red Army captured Turán tanks at the Railway Station of Párkány too in 1944-45.

Czołgi Turán przejęte przez Armię Czerwoną na stacji kolejowej Párkány na przełomie lat 1944-45.

at Baracska-Petend on December 7. The 2nd Cavalry Regiment supported the tanks. By December 10, Battle Group Horváth had only two 40M Turán tanks remaining.

An Armoured Training Regiment was formed in Bergen with the Hungarian and German armoured vehicles, among them three Turán tanks:

one Turán 75 (manufactured by Manfred Weiss), 2H-002
one Turán 75 (Rába), 2H-248
one rearmed Turán 75 (Rába), 1 H-006

The remaining armoured units fought up to the end of the war, using Hungarian and later German equipment. The 2nd Armoured Division surrendered in Germany to British and American forces.

During World War II, the Hungarian Mobile Troops suffered heavy casualties.

The Armoured Troops alone suffered 3305 causalities just from June 26, 1941 to October 31, 1944.

After the war, almost all of the armoured vehicles and their parts were either destroyed or re-used. One of the few exceptions is a Nimród that survived the siege of Budapest and was exhibited in the War Museum in Budapest up to the mid-1980s. Fortunately for historians of Hungarian armour, the Russians saved one example of almost every Hungarian vehicle at Kubinka.

działał jako wsparcie dla nielicznych wozów bojowych. Do 10 grudnia w Grupie Horváth pozostały tylko dwa czołgi 40M Turán.

W Bergen utworzono Pancerny Pułk Szkolny, wyposażony w węgierskie i niemieckie wozy bojowe, w tym trzy czołgi Turán:

jeden Turán 75 (wyprodukowany przez Manfreda Weissa), rejestracja 2H-002
jeden Turán 75 (Rába), rejestracja 2H-248
jeden przezbrojony Turán 75 (Rába), rejestracja 1H-006.

Pozostałe pododdziały pancerne walczyły do końca wojny zarowno na sprzęcie węgierskim jak i niemieckim. 2. Dywizja Pancerna poddała się siłom brytyjskim i amerykańskim już na terytorium Niemiec.

Podczas II wojny światowej węgierskie jednostki szybkie poniosły ciężkie straty.

Tylko same oddziały pancerne poniosły od 26 czerwca 1941 do 31 października 1944 roku straciły 3305 poległych.

Po zakończeniu działań wojennych niemal wszystkie wozy bojowe przeznaczono na złom, a ich części do ponowengo wykorzystania. Jednym z niewielu wyjątków jest Nimród, który przetrwał oblężenie Budapesztu i był eksponowany w Muzeum Wojny w Budapeszcie do połowy lat osiemdziesiątych. Na szczęście dla miłośników węgierskiej broni pancernej Rosjanie zachowali po jednym egzemplarzu przykład prawie każdego węgierskiego wozu bojowego w słynnej Kubince.

BIBLIOGRAPHY

Hungarian books:

1.Huszár Hadosztály 1944/45, HHA, 1992

Az elsodort város, Emlékkötet a Budapestért folytatott harcok 60. évfordulójára 1944-45, PolgART, 2005

„Álltak Tordánál a csatát fejtőig vérben", Emlékkönyv a tordai csata 60. évfordulójára, 2004 Torda

Babucs Zoltán: Jászsági honvéd a II. világháborúban, I. A jászberényi harckocsi zászlóalj története a II. világháborúban, 2000

Babucs Zoltán – Maruzs Roland: „Jász vitézek rajta, előre!" A jászberényi kerékpáros és harckocsizó zászlóalj története 1920-1944, Puedlo

Bene János: Nyíregyházi katonaság a II. világháborúban 1938-1945, Józsa András Múzeum 2016

Bíró Ádám – Éder Miklós – Sárhidai Gyula: A magyar királyi honvédség hazai gyártású páncélos harcjárművei 1920- 1945, Petit Real, 2012

Bombay László: A harckocsik története, Akadémia, 1990

BIBLIOGRAFIA

Węgierskie książki:

1.Huszár Hadosztály 1944/45, HHA, 1992

Az elsodort város, Emlékkötet a Budapestért folytatott harcok 60. évfordulójára 1944-45, PolgART, 2005

„Álltak Tordánál a csatát fejtőig vérben", Emlékkönyv a tordai csata 60. évfordulójára, 2004 Torda

Babucs Zoltán: Jászsági honvéd a II. világháborúban, I. A jászberényi harckocsi zászlóalj története a II. világháborúban, 2000

Babucs Zoltán – Maruzs Roland: „Jász vitézek rajta, előre!" A jászberényi kerékpáros és harckocsizó zászlóalj története 1920-1944, Puedlo

Bene János: Nyíregyházi katonaság a II. világháborúban 1938-1945, Józsa András Múzeum 2016

Bíró Ádám – Éder Miklós – Sárhidai Gyula: A magyar királyi honvédség hazai gyártású páncélos harcjárművei 1920- 1945, Petit Real, 2012

Bombay László: A harckocsik története, Akadémia, 1990

Bombay László – Gyarmati József – Turcsányi Károly: Harckocsik 1916-tól napjainkig, Zrínyi

Bonhardt Attila – Sárhidai Gyula – Winkler Róbert: A magyar királyi honvédség fegyverzete 1919-45 part 1, Zrínyi, 1992

Dálnoki Veress Lajos: Magyarország honvédelme a II. világháború előtt és alatt (1920-1945), München, 1974

Dombrády Loránd: A magyar gazdaság és a hadfelszerelés, 1938/44, Akadémia, 1981

Csernavölgyi Antal : Az aranycsillag rabjai, Pécs 1994

Csima János: Források a Magyar Honvédség II. világháborús történetének tanulmányozásához, Zrínyi, 1961

Hajdú Ferenc – Sárhidai Gyula: A magyar királyi honvéd Haditechnikai Intézettől a HM Technológiai Hivatalig, HM Technológiai Hivatal 2005

Hingyi lászló: Budapest ostroma 1944-45, Etalon Kiadó 2018

Illésfalvi Péter – Szabó Péter – Számvéber Norbert: Erdély a Hadak Útján 1940-1944, Puedlo

Maertens György: A RÁBA Gyár története, KÖZDOK, 1980

Magyarország a II. világháborúban, Enciklopédia, PETIT REAL, 1997

Maruzs Roland: Középkereszt, tisztikereszt, lovagkereszt, Zrínyi, 2013

Mányi Pál: Magyar páncélosokkal a hadak útján 1941-1944, 2000

Kamen Nevenkin: Bécs még várhat, A budapesti hadművelet bevezető szakasza, Pekó Kiadó 2014

Ölvedi Ignác: Az 1. Magyar Hadsereg története 1944. január 6.-tól október 17.-ig, Zrínyi, 1989

Páncélos csapatok 60. Évfordulója, HM, 1996

Számvéber Norbert: Az alföldi páncélos csata, Puedlo

Számvéber Norbert: Páncélos hadviselés a budapesti csatában, Puedlo

Számvéber Norbert: Páncélosok a Felvidéken, Puedlo

Számvébert Norbert: Páncélosok a Dunántúlon, Akadémia kiadó 2017

Szabó Péter – Számvéber Norbert: Magyarország és a keleti hadszíntér 1943-1945, Puedlo

Rada Tibor: A magyar királyi honvéd Ludovika Akadémia és testvérintézetek összefoglaló története 1930-1945, GÁLOS NYOMDÁSZ Bt, 1998

Ravasz István: Erdély, mint hadszíntér 1944, PETIT REAL, 1997

Stark Tamás: Hadak Útján, Corvina, 1991

Sőregi Zoltán: Katonák kerékpáron, A magyar királyi honvédség kerékpáros tisztjeinek adattára 1920-1945, Magánkiadás 2014

Turcsányi Károly: Nehéz harckocsik, Puedlo

Ungváry Krisztián: Budapest ostroma, Corvina, 1998

Ungváry Krisztián: A magyar honvédség a második világháborúban, Osiris, 2005

Veress D. Csaba: A Dunántúl hadi krónikája 1944/45, Zrínyi, 1984

Veress D. Csaba: Balatoni Csata 1944/45, Veszprém Megyei kiadványok, 1977

Veress D. Csaba: Magyarország hadikrónikája 1944-1945 I.-II.

Articles:

ZMKA Akadémiai Közlemények:

Jakus János: A magyar királyi 3. hadsereg megalakulása és hadműveletei (1944. szeptember-október), 1994/204

Hadtörténeti Közlemények:

Dombrándy Loránd: A horthysta katonai vezetés erőfeszítései a páncélos fegyvernem megteremtésére, HK 1969/2, 1970/4

Jakus János: A m. kir. IV. hadtest támadó hadműveletei 1944 szeptemberében, HK 1994/1

Simon Gábor: A német XI. hadtest részvétele a magyar 1. hadsereg hadműveletében HK 126. 2013/4

Haditechnikai Szemle:

Bíró Ádám: a Turán II és Turán III harckocsi család, 1. rész, 1995/3

Bíró Ádám: A 40M Turán típusú harckocsi megalkotása, 3. rész, 1995/2

Bíró Ádám: A 40M Turán harckocsi megalkotása, 2. rész, 1995/1

Bíró Ádám: A Turán II es a Turán III harckocsi család, 2. rész, 1995/4

Bíró Ádám: A 40M Turán harckocsi kifejlesztése 1. rész, 1994/4

Bombay László – Gyarmati József – Turcsányi Károly: Harckocsik 1916-tól napjainkig, Zrínyi

Bonhardt Attila – Sárhidai Gyula – Winkler Róbert: A magyar királyi honvédség fegyverzete 1919-45 part 1, Zrínyi, 1992

Dálnoki Veress Lajos: Magyarország honvédelme a II. világháború előtt és alatt (1920-1945), München, 1974

Dombrády Loránd: A magyar gazdaság és a hadfelszerelés, 1938/44, Akadémia, 1981

Csernavölgyi Antal : Az aranycsillag rabjai, Pécs 1994

Csima János: Források a Magyar Honvédség II. világháborús történetének tanulmányozásához, Zrínyi, 1961

Hajdú Ferenc – Sárhidai Gyula: A magyar királyi honvéd Haditechnikai Intézettől a HM Technológiai Hivatalig, HM Technológiai Hivatal 2005

Hingyi lászló: Budapest ostroma 1944-45, Etalon Kiadó 2018

Illésfalvi Péter – Szabó Péter – Számvéber Norbert: Erdély a Hadak Útján 1940-1944, Puedlo

Maertens György: A RÁBA Gyár története, KÖZDOK, 1980

Magyarország a II. világháborúban, Enciklopédia, PETIT REAL, 1997

Maruzs Roland: Középkereszt, tisztikereszt, lovagkereszt, Zrínyi, 2013

Mányi Pál: Magyar páncélosokkal a hadak útján 1941-1944, 2000

Kamen Nevenkin: Bécs még várhat, A budapesti hadművelet bevezető szakasza, Pekó Kiadó 2014

Ölvedi Ignác: Az 1. Magyar Hadsereg története 1944. január 6.-tól október 17.-ig, Zrínyi, 1989

Páncélos csapatok 60. Évfordulója, HM, 1996

Számvéber Norbert: Az alföldi páncélos csata, Puedlo

Számvéber Norbert: Páncélos hadviselés a budapesti csatában, Puedlo

Számvéber Norbert: Páncélosok a Felvidéken, Puedlo

Számvébert Norbert: Páncélosok a Dunántúlon, Akadémia kiadó 2017

Szabó Péter – Számvéber Norbert: Magyarország és a keleti hadszíntér 1943-1945, Puedlo

Rada Tibor: A magyar királyi honvéd Ludovika Akadémia és testvérintézetek összefoglaló története 1930-1945, GÁLOS NYOMDÁSZ Bt, 1998

Ravasz István: Erdély, mint hadszíntér 1944, PETIT REAL, 1997

Stark Tamás: Hadak Útján, Corvina, 1991

Sőregi Zoltán: Katonák kerékpáron, A magyar királyi honvédség kerékpáros tisztjeinek adattára 1920-1945, Magánkiadás 2014

Turcsányi Károly: Nehéz harckocsik, Puedlo

Ungváry Krisztián: Budapest ostroma, Corvina, 1998

Ungváry Krisztián: A magyar honvédség a második világháborúban, Osiris, 2005

Veress D. Csaba: A Dunántúl hadi krónikája 1944/45, Zrínyi, 1984

Veress D. Csaba: Balatoni Csata 1944/45, Veszprém Megyei kiadványok, 1977

Veress D. Csaba: Magyarország hadikrónikája 1944-1945 I.-II.

Arykuły:

ZMKA Akadémiai Közlemények:

Jakus János: A magyar királyi 3. hadsereg megalakulása és hadműveletei (1944. szeptember-október), 1994/204

Hadtörténeti Közlemények:

Dombrándy Loránd: A horthysta katonai vezetés erőfeszítései a páncélos fegyvernem megteremtésére, HK 1969/2, 1970/4

Jakus János: A m. kir. IV. hadtest támadó hadműveletei 1944 szeptemberében, HK 1994/1

Simon Gábor: A német XI. hadtest részvétele a magyar 1. hadsereg hadműveletében HK 126. 2013/4

Haditechnikai Szemle:

Bíró Ádám: a Turán II és Turán III harckocsi család, 1. rész, 1995/3

Bíró Ádám: A 40M Turán típusú harckocsi megalkotása, 3. rész, 1995/2

Bíró Ádám: A 40M Turán harckocsi megalkotása, 2. rész, 1995/1

Bíró Ádám: A Turán II es a Turán III harckocsi család, 2. rész, 1995/4

Bíró Ádám: A 40M Turán harckocsi kifejlesztése 1. rész, 1994/4

Dr. Mujzer Péter: A Magyar Királyi honvédség páncélos csapatainak végső szervetete 1942-1944, 2016/4

Dr. Mujzer Péter: A Magyar Királyi Honvédség páncélos csapatainak képzési rendszere, 2016/5

Dr. Mujzer Péter: A 2. páncéloshadosztály hadműveletei Galiciában 1944-ben, I. rész, 2017/6

Dr. Mujzer Péter: A 2. páncéloshadosztály hadműveletei Galiciában 1944-ben, II. rész, 2018/1

Dr. Mujzer Péter: Az 1. lovas-, a későbbi huszárhadosztály páncélos alakulatai a keleti fronton, 1944-ben, 2018/3

Belvedere

GALLó Krisztián: Páncélosok a Kárpátokban, 2003/XV. 1-2, 3-4., 5-6.

Militaria Modell:

Éder Miklós: Magyar páncélos járművek alakulat jelzései, 1. rész, 1991 / 1

Éder Miklós: Magyar páncélos járművek alakulat jelzései, 2. rész, 1991/2

Éder Miklós: Magyar páncélosok hadi jelzése, 1917-1945, 1992/6

Pro Modell

Mujzer Péter: A magyar királyi honvédség páncélos csapatainak jelzésrendszere, 2003/1-3

Steel Masters

Les blindes de l'Axe, Steel Masters n.8, 2010

Unpublished materials

HARCTUDÓSÍTÁS, A 2. páncéloshadosztály Nadvorna- Tlumaczky- Sloboda Lesna-i harcai 1944. április 13. – május 14.

HL I. 89. VKF 306 doboz, VKF 634/hdm.csf.-1944.

Foreign Books:

Max Axworthy: Third Axis Fourth Ally, Arms and Armour, 1995

Csaba Becze: Magyar steel, Mashroom Publication, 2006

Dénes Bernád, Charles K. Kliment: Magyar Warriors, The history of the Royal Hungarian Armed Forces 1919-1945, volumen 1, Helion Publication, 2015

Dénes Bernád, Charles K. Kliment: Magyar Warriors, The history of the Royal Hungarian Armed Forces 1919-1945, volumen 2, Helion Publication, 2017

Peter Gosztonyi: Deutschlands waffengefahrten an de rost front 1941-1941, Motorbuch Verlag, 1981

George Forty: World War Two Tanks, Osprey, 1996

Charles Kliment- Vladimir Francev: Czechoslovakian AFVs 1918-1948, Schiffer, 1997

Maksim Kolomiets – Ilia Mosanskij: Trofei v Krasnoj Armij 1941-1945, Frontovaja Illustracija 1999

Janusz Ledwoch: Eastern Front 1941-45, Militaria, 1995

Janusz Magnuski: Armour in Profile 1, PELTA, 1997

Eduardo Gil Martinez: Fuerzas Acorazadas Húngaras 1939-43, Almena 2017

Perry Moore: Panzerschlacht, Armored operations ont he Hungarian plains September-November, Helion, 2008

Péter Mujzer: Hungarian Mobile Forces 1920-45, Bayside Books, 2000

Péter Mujzer: Huns on Wheels, Hungarian Mobile Forces in WWII, Armoured, Cavalry, Bicycle Troops, Motorised Rifle, Mujzer and Partners Ltd., 2015

Péter Mujzer: Hungarian Armoured Forces in WWII, KAGERO Books, PHOTOSNIPER 26., 2017

Leo Niehorster: The Royal Hungarian Army 1920-45, Bayside Books, 1998

Jean Restayn: WWII tank encyclopedia in color 1939-1945, Histoire&Collection

Ronald Tarnstrom: Balkan Battles, Trogen Books, 1998

Anthony Tucker-Jones: Armored warfare and Hitler's allies 1941-1945, Pen&Sword, 2013

Steven Zaloga: Tanks of Hitler's eastern allies 1941-45, Osprey, 2013

Dr. Mujzer Péter: A Magyar Királyi honvédség páncélos csapatainak végső szervetete 1942-1944, 2016/4

Dr. Mujzer Péter: A Magyar Királyi Honvédség páncélos csapatainak képzési rendszere, 2016/5

Dr. Mujzer Péter: A 2. páncéloshadosztály hadműveletei Galiciában 1944-ben, I. rész, 2017/6

Dr. Mujzer Péter: A 2. páncéloshadosztály hadműveletei Galiciában 1944-ben, II. rész, 2018/1

Dr. Mujzer Péter: Az 1. lovas-, a későbbi huszárhadosztály páncélos alakulatai a keleti fronton, 1944-ben, 2018/3

Belvedere

GALLó Krisztián: Páncélosok a Kárpátokban, 2003/XV. 1-2, 3-4., 5-6.

Militaria Modell:

Éder Miklós: Magyar páncélos járművek alakulat jelzései, 1. rész, 1991 / 1

Éder Miklós: Magyar páncélos járművek alakulat jelzései, 2. rész, 1991/2

Éder Miklós: Magyar páncélosok hadi jelzése, 1917-1945, 1992/6

Pro Modell

Mujzer Péter: A magyar királyi honvédség páncélos csapatainak jelzésrendszere, 2003/1-3

Steel Masters

Les blindes de l'Axe, Steel Masters n.8, 2010

Unpublished materials

HARCTUDÓSÍTÁS, A 2. páncéloshadosztály Nadvorna- Tlumaczky- Sloboda Lesna-i harcai 1944. április 13. – május 14.

HL I. 89. VKF 306 doboz, VKF 634/hdm.csf.-1944.

Książki zagraniczne:

Max Axworthy: Third Axis Fourth Ally, Arms and Armour, 1995

Csaba Becze: Magyar steel, Mashroom Publication, 2006

Dénes Bernád, Charles K. Kliment: Magyar Warriors, The history of the Royal Hungarian Armed Forces 1919-1945, volumen 1, Helion Publication, 2015

Dénes Bernád, Charles K. Kliment: Magyar Warriors, The history of the Royal Hungarian Armed Forces 1919-1945, volumen 2, Helion Publication, 2017

Peter Gosztonyi: Deutschlands waffengefahrten an de rost front 1941-1941, Motorbuch Verlag, 1981

George Forty: World War Two Tanks, Osprey, 1996

Charles Kliment- Vladimir Francev: Czechoslovakian AFVs 1918-1948, Schiffer, 1997

Maksim Kolomiets – Ilia Mosanskij: Trofei v Krasnoj Armij 1941-1945, Frontovaja Illustracija 1999

Janusz Ledwoch: Eastern Front 1941-45, Militaria, 1995

Janusz Magnuski: Armour in Profile 1, PELTA, 1997

Eduardo Gil Martinez: Fuerzas Acorazadas Húngaras 1939-43, Almena 2017

Perry Moore: Panzerschlacht, Armored operations ont he Hungarian plains September-November, Helion, 2008

Péter Mujzer: Hungarian Mobile Forces 1920-45, Bayside Books, 2000

Péter Mujzer: Huns on Wheels, Hungarian Mobile Forces in WWII, Armoured, Cavalry, Bicycle Troops, Motorised Rifle, Mujzer and Partners Ltd., 2015

Péter Mujzer: Hungarian Armoured Forces in WWII, KAGERO Books, PHOTOSNIPER 26., 2017

Leo Niehorster: The Royal Hungarian Army 1920-45, Bayside Books, 1998

Jean Restayn: WWII tank encyclopedia in color 1939-1945, Histoire&Collection

Ronald Tarnstrom: Balkan Battles, Trogen Books, 1998

Anthony Tucker-Jones: Armored warfare and Hitler's allies 1941-1945, Pen&Sword, 2013

Steven Zaloga: Tanks of Hitler's eastern allies 1941-45, Osprey, 2013